小学科学
探究实践指南 ⑤

人民教育出版社　课程教材研究所
科学课程教材研究开发中心　编著

人民教育出版社
·北京·

主　　编：胡济良　黄海旺

执行主编：黄海旺

编写人员：叶　艳　徐　明　刘绍江　柯江舟　甘金福　索南昂修

责任编辑：黄海旺　索南昂修

美术编辑：昌梦洁

封面设计：昌梦洁

版式设计：昌梦洁

插　　图：李思东工作室　视觉中国

照　　片：索南昂修　黄海旺　视觉中国

图书在版编目（CIP）数据

小学科学探究实践指南 . 5 / 人民教育出版社课程教材研究所科学课程教材研究开发中心
编著 . — 北京 ：人民教育出版社，2022.4
　　ISBN 978-7-107-36688-8

　Ⅰ. ①小…　Ⅱ. ①人…　Ⅲ. ①科学知识—小学—教学参考资料　Ⅳ. ①G623.63

中国版本图书馆 CIP 数据核字（2022）第 050667 号

小学科学探究实践指南⑤

出版发行　人民教育出版社
　　　　　（北京市海淀区中关村南大街 17 号院 1 号楼　邮编：100081）
网　　址　http://www.pep.com.cn
经　　销　全国新华书店
印　　刷　北京盛通印刷股份有限公司
版　　次　2022 年 4 月第 1 版
印　　次　2022 年 7 月第 1 次印刷
开　　本　787 毫米 ×1 092 毫米　1/16
印　　张　6.25
字　　数　125 千字
定　　价　30.00 元

目 录

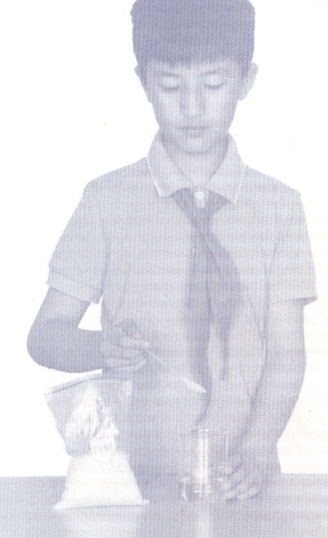

目 录

五 小小建筑师

1 白菜来到餐桌上的过程

目标

了解白菜的生产过程。

★ 课标要求

5.2 地球上存在动物、植物、微生物等不同类型的生物。

3~4 年级：

④ 说出植物的某些共同特征；列举当地的植物资源，尤其是与人类生活密切相关的植物。

准备

白菜种植图片、用白菜制成的菜品图片。

过程与方法

1. 了解白菜的种植过程。

（1）播种。❶

❶ 说明

播种是种植白菜的第一步。白菜主要是在秋季种植，需要选择富含有机质、疏松肥沃的壤土进行播种。

❷ 说明

❷ 说明

　　当白菜幼苗生长到有5~6片真叶时，即可进行移栽定植。根据品种和土壤确定种植密度。移栽后要立即浇水，保持土壤湿润。

❸ 说明

　　白菜的田间管理是适当浇水和施肥。白菜生长很快，所以需要肥料量大，除在整地时施足基肥外，还要适时追肥。白菜结球时，对于水分需求极大，需要时刻保持土壤湿润。

❹ 说明

　　白菜一般在11月初开始收割。如果再晚一些，等气温低于0℃之后，白菜就容易受到冻害。

（2）移栽定植。❷

（3）田间管理。❸

（4）收割。❹

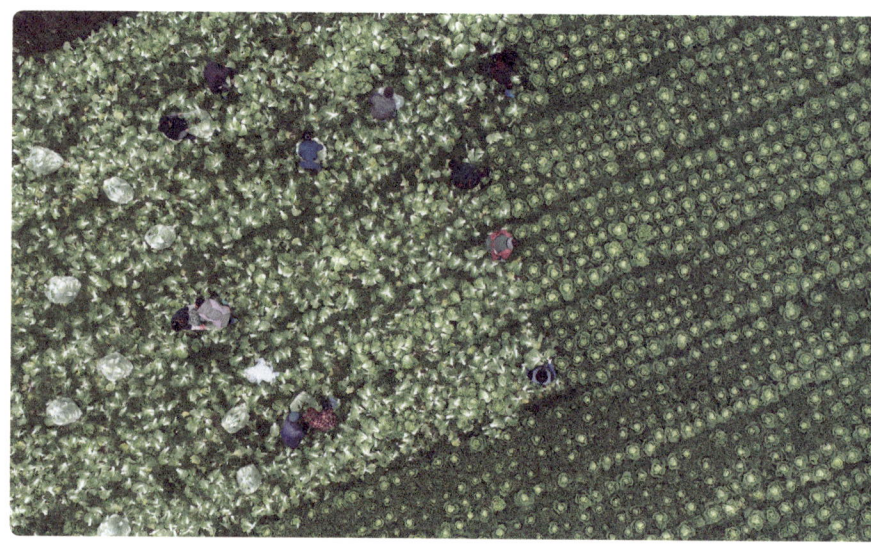

（5）上市销售。⑤

2. 了解用白菜制作的食物。⑥

⑤ **说明**

　　收获的白菜一部分被运送到各个蔬菜集散地进行销售，剩下的会先进行定点贮藏，然后再分期、分批地进行销售。这样，一年四季都可以吃到白菜了。

⑥ **说明**

　　我们从菜市场买来白菜，可以做成各种各样的食物，如醋熘白菜、酸白菜、白菜炖豆腐等。

知识卡

白菜的营养价值

　　白菜是我国的原产蔬菜，有着悠久的栽培历史。白菜含有较多的维生素C和钙、磷等矿物质，是一种营养丰富的大众化蔬菜。

2 牛肉来到餐桌上的过程

目标

了解牛肉的生产过程。

准备

养牛图片、牛肉食品图片。

过程与方法

❶ 说明

养牛场选址要点：
- 远离村庄、人群、水源地，远离国家主要公路，距离大于500 m。
- 应选地势高、干燥的地方；土地为沙土或壤土最佳。
- 养殖场地下水源充足，水质洁净，符合人的饮用标准。
- 周边饲料供应充足、便捷。

1. 了解牛的养殖过程。

（1）修建养牛场。❶

（2）繁殖——从妊娠期至犊牛期。❷

（3）育成期。❸

（4）生长期和育肥期。❹ ❺

❷ 说明

从受精卵开始，肉牛的妊娠期约为283天。分娩后，新生小牛至6月龄期间称为犊牛。犊牛期是完成从吃奶到采食饲料的转化、完善各内脏器官发育的过程，体重每天约增加900 g。

❸ 说明

从7月龄至14月龄为育成期。育成期是完成骨骼发育、强化内脏器官发育的过程。这个时期的饲料蛋白质含量要高。牛的体重每天增加约1 200 g。

❹ 说明

从15月龄至22月龄为生长期。牛的生长期是促进且完成全身肌肉发育的过程。这个时期对饲料能量（碳水化合物）的要求比较高。牛的体重每天增加约1 500 g。生长期完成后，绝大多数品种的肉牛均已达到屠宰标准。

❺ 说明

从23月龄至30月龄为育肥期。育肥期是促进皮下脂肪沉积到肌肉内部的过程。这个时期对饲料的要求是蛋白质含量低、能量含量高。这个时期，牛的体重每天只能增加约600 g。

⑥ 说明

生长期或育肥期后的肉牛体重为800～1 000 kg。各肌肉组织因部位不同、运动量不同，其性状差异明显，譬如肌肉纤维的粗细、长短，肌内脂肪的种类、含量等均有明显不同。屠宰加工时，以肌肉筋膜为边界将肉牛身上的肌肉分割。不同品种、不同部位的牛肉口感及其市场价格差异巨大。

（5）出栏屠宰，上市。⑥

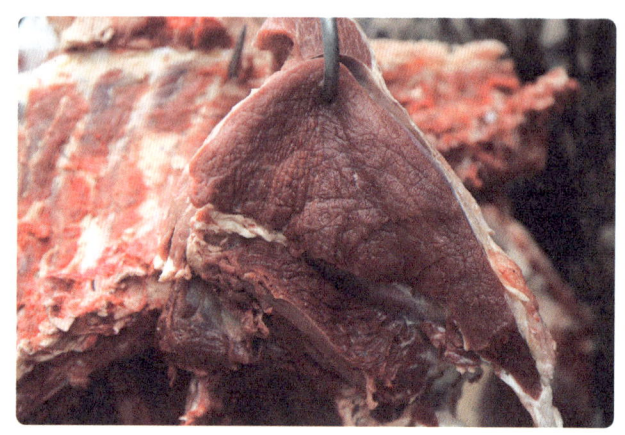

2. 了解用牛肉制成的食物。

知识卡

牛肉的营养价值

牛肉含有丰富的蛋白质，其氨基酸组成比猪肉更接近人体的需要，能提高机体抗病能力，特别适合生长发育期及手术后、病后调养的人。

3 豆腐来到餐桌上的过程

目标

了解豆腐及其制品的生产过程。

★ 课标要求

5.2 地球上存在动物、植物、微生物等不同类型的生物。

3～4 年级：

④ 说出植物的某些共同特征；列举当地的植物资源，尤其是与人类生活密切相关的植物。

准备

制作豆腐过程的图片、豆腐食品图片。

过程与方法

1. 了解豆腐的制作过程。

（1）泡豆。

❶ 说明

制作豆腐的第一步是将大豆放在水里浸泡大约 12 h（小时），将大豆泡软。

（2）磨浆。

❷ 说明

　　将浸泡过的大豆
按比例加水，打磨成
豆浆。

（3）过滤。

❸ 说明

　　将磨好后的豆浆
进行过滤，除去豆渣，
得到没有豆渣的豆浆。

（4）煮浆。

❹ 说明

　　把过滤好的豆浆
倒入锅内煮熟。在煮
豆浆的过程中要注意
搅拌，去除表面的泡
沫，防止"假沸"现象。

（5）加入凝固剂。❺

（6）成型。❻

❺ 说明

　　煮熟的豆浆需要加入凝固剂进行凝固。我国常用的凝固剂主要有两种：石膏和盐卤。这里主要介绍利用石膏凝固的方法：将焙烧好的石膏碾成粉末，加水调成石膏浆，倒入煮好的豆浆里，并用勺子轻轻搅匀。不久后，豆浆就会凝成豆腐花。

❻ 说明

　　用勺子将豆腐花轻轻舀进已铺好包布的木箱里。盛满后，用包布将豆腐花包起，盖上木板，压 10～20 min（分）即成豆腐。

2. 了解豆腐制成食物。

知识卡

豆腐的营养价值

　　豆腐含有丰富的蛋白质，营养价值极高，素有"植物肉"之美称。此外，豆腐中还含有脂肪、碳水化合物和钙、磷、铁等矿物质，对人体健康十分有益。

4 鱼肉来到餐桌上的过程

目标

了解鱼的生产过程。

★ 课标要求

6.2 人和动物通过获取其他生物的养分来维持生存。

3~4 年级：

④ 描述动物维持生命需要空气、水、食物和适宜的温度。

准备

捕捞鱼、池塘养鱼、鱼肉食品图片。

过程与方法

❶ 说明

食用鱼的来源分为两种：一种是捕捞，另一种是人工养殖。

1. 了解食用鱼的来源。❶

2. 了解人工养殖鱼的过程。

（1）清塘消毒。❷

鱼类养殖在专业的鱼类养殖场中进行。

（2）养殖管理。❸

池塘水质调理好后就可以投放鱼苗，进行养殖。

❷ 说明

    水质是保证鱼类养殖的关键因素，因此在养鱼前要先对水塘进行清塘消毒和培养水质的工作。

❸ 说明

    在养殖期间，要进行管理，包括给鱼喂食、巡塘、除草去污、保持池塘水量等工作，保证鱼有充裕的活动空间和良好的生活环境。

（3）捕捞。

鱼苗放入池塘后，喂养一年左右，小鱼长成大鱼。鱼长大后捕捞，作为食用鱼投放市场。

3. 了解用鱼肉制成的食物。

知识卡

鱼肉的营养价值

鱼肉属于低脂肪高蛋白食物。鱼肉蛋白质所含必需氨基酸的量和比值最适合人体需要，容易被人体消化吸收。鱼肉还富含磷、钙、铁、维生素A、维生素B、维生素D等，这些都是人体需要的营养物质。

5 酒精灯的使用方法

目标

能正确使用酒精灯加热物体。

★ 课标要求

1.1 物质具有一定的特性与功能。

3~4 年级：

① 能使用简单的仪器测量一些物体的长度、质量、体积、温度等常见特征，并使用恰当的计量单位进行记录。

准备

酒精灯、火柴、镊子、花生。

过程与方法

1. 检查酒精灯。

使用酒精灯前要先检查酒精灯内的酒精量。酒精量不少于灯壶容积的1/4，也不要超过灯壶容积的3/4。

❶ 说明

禁止向燃着的酒精灯里添加酒精。

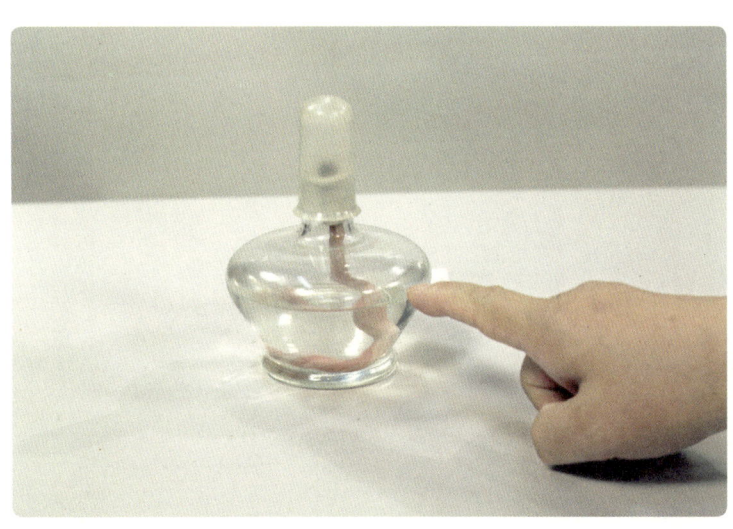

2. 点燃酒精灯。

　　点燃酒精灯前，要先打开酒精灯的灯帽。操作时，要左手扶灯壶，右手拿起灯帽放在右边；划着火柴点燃酒精灯的灯芯。②

3. 用酒精灯加热一粒花生。

　　酒精灯的火焰分焰心、内焰和外焰三部分。外焰温度最高，因此需用外焰加热。③

4. 熄灭酒精灯。

熄灭酒精灯时，要用灯帽盖灭。盖灭后提一下灯帽再盖上，以防下次不易打开灯帽。❹

 ❹ 注意

　　酒精灯使用完毕，必须用灯帽盖灭火焰，不能用嘴去吹灭。

一 食物与消化

知识卡

为什么不能用嘴吹灭酒精灯

　　因为酒精易挥发，挥发后的酒精和空气的混合气体容易燃烧和爆炸。用嘴吹酒精灯时，会有空气进入灯壶，在灯壶内形成酒精蒸汽和空气的混合物，还可能使高温的空气倒流入瓶内，引起爆炸。即使吹灭的时候没有发生燃烧和爆炸，也会给下次点燃酒精灯带来安全隐患。因此，不能用嘴吹灭酒精灯。

6 脂肪的鉴别方法

目标

能够用实验方法鉴别食物中的脂肪。

★ 课标要求

6.2 人和动物通过获取其他生物的养分来维持生存。

3~4年级:

④ 描述动物维持生命需要空气、水、食物和适宜的温度。

准备

花生（或核桃）、肥肉、馒头、米饭、黄瓜片、青菜叶子、食用油（一小碟）、棉签1根、白纸1张、抹布1块、记号笔1支。

过程与方法

❶ 提示

在痕迹下方记录食物的名称。

1. 将食物依次放在纸上按压，留下痕迹。❶

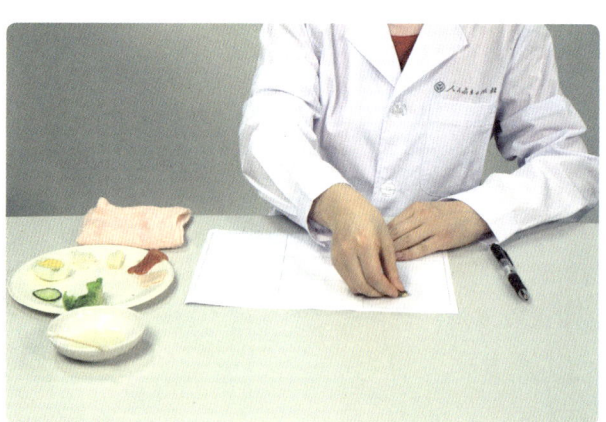

2. 用棉签蘸取少许食用油，涂抹在纸上。❷

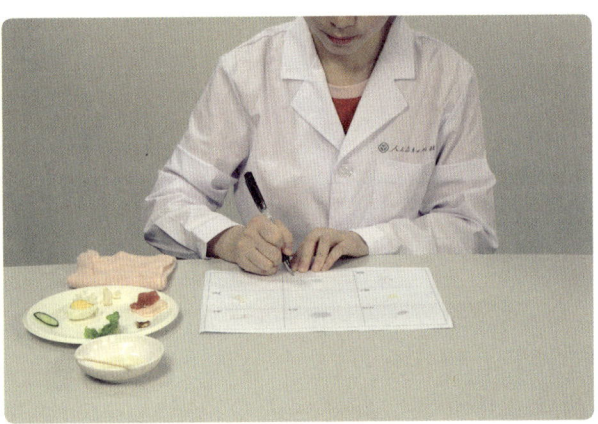

❷ 提示

　　食用油最后涂抹在纸的中间，以便其他食物涂抹的痕迹好与之对比。

3. 对比食用油和不同食物留下的痕迹，找出和食用油相似痕迹的食物。❸

❸ 提示

　　把各种食物的痕迹涂抹在食用油痕迹的四周，以便对比。

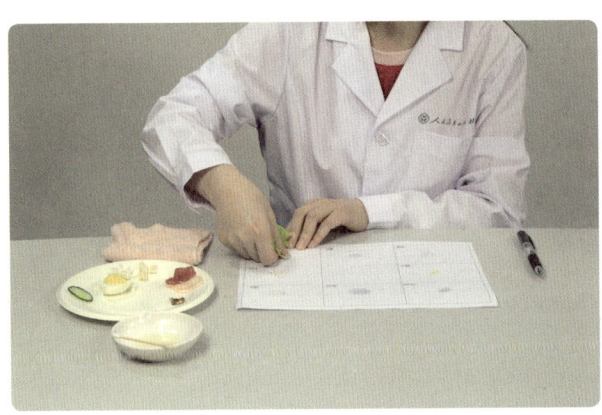

4. 得出结论：按压某种食物时，如果留下的痕迹与食用油的痕迹相似，就说明该食物富含脂肪。

━━ 知识卡 ━━

脂肪对身体的作用

　　脂肪是身体的后备能源，一旦体内缺乏碳水化合物，身体就会分解脂肪，释放能量。此外，脂肪还有保护内脏、维持体温；协助吸收脂溶性维生素；参与机体各方面的代谢活动等作用。肥肉、花生、食用油里含有大量的脂肪。

7 蛋白质的鉴别方法

目标

能够用实验方法鉴别食物中的蛋白质。

★ 课标要求

6.2 人和动物通过获取其他生物的养分来维持生存。

3~4 年级：

④ 描述动物维持生命需要空气、水、食物和适宜的温度。

准备

花生、肥肉、馒头、米饭、鸡蛋、瘦肉、黄瓜片、青菜叶子（每类食物至少两种）、头发、酒精灯、镊子、火柴。

过程与方法

❶ 注意

严格按酒精灯的使用规范进行操作。

1. 点燃酒精灯。❶

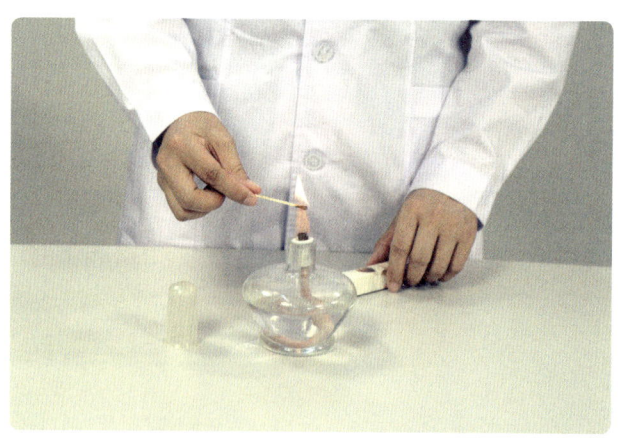

2. 用镊子夹取一根头发，放到酒精灯上烧烤，直到烧焦，闻一闻产生的气味。❷❸

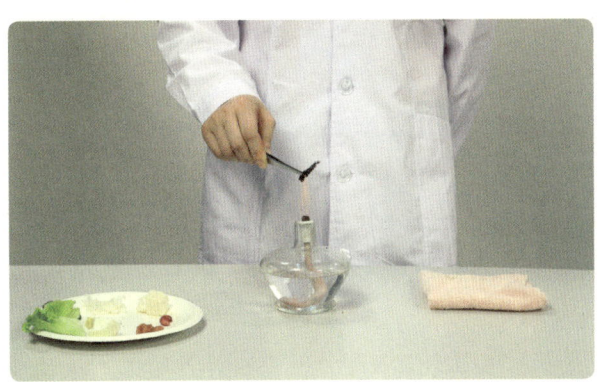

3. 用镊子依次夹取各种食物，放到酒精灯上烧烤，直到烧焦。闻一闻产生的气味。❹

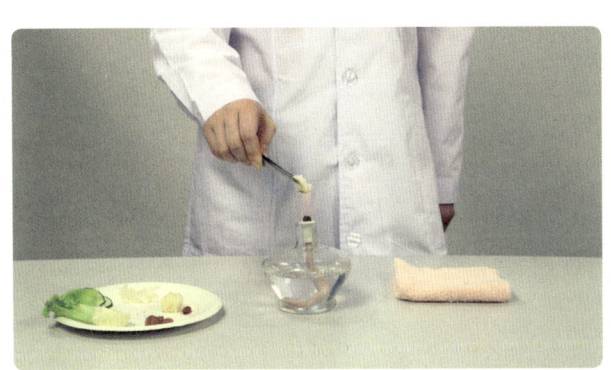

4. 结论：对比头发和不同食物烧焦后的气味，找出跟头发烧焦后产生的气味类似的食物，便能判断这些食物富含蛋白质。

❷ 提示

　　可以事先到理发店收集一些头发，上课时发给学生。

❸ 说明

　　头发的主要成分是蛋白质，头发烧焦后产生的气味就是蛋白质烧焦后产生的气味。

❹ 提示

　　燃烧食物时，先燃烧植物类食物，后燃烧动物类食物。

一　食物与消化

知识卡

蛋白质对身体的作用

　　蛋白质是人体必需的主要营养物质。其主要功能包括：维持人体组织的生长、更新与修复；参与多种生理功能、运输功能、保护功能等；给人体提供能量。

8 认识食物在口腔里的消化过程

目标

能够用科学语言描述食物在口腔里的消化过程。

★ 课标要求

5.5 人体由多个系统组成。

3～4 年级：

⑦ 描述人体用于摄取养分的器官，列举保护这些器官的方法。

准备

馒头、托盘、碘酒、滴管。

过程与方法

❶ 注意

● 馒头要干净卫生。
● 不要随便吃不认识的食物。

1. 吃一口馒头并慢慢咀嚼，体会馒头在嘴里发生的变化。❶

2. 将咀嚼过的馒头吐在托盘上，用碘酒分别滴在咀嚼过和没有咀嚼的馒头上，比较有什么不同的现象。

❷ 说明

　　淀粉有遇碘酒变蓝的性质，糖却没有这个性质。唾液是一种消化液，它含有淀粉酶，能在适宜的温度条件下把淀粉变成糖。

3. 结论：把碘酒分别滴在咀嚼过和没有咀嚼的馒头上，可以发现，碘酒滴在没有咀嚼过的馒头上时颜色变成蓝黑色；碘酒滴在咀嚼过的馒头上时颜色没有什么变化。这说明，馒头在口腔中咀嚼后，淀粉含量少了，唾液具有分解消化淀粉的功能。

知识卡

口腔里的消化过程

　　口腔是消化道的起始部位，口腔里有牙齿、舌头、唾液腺等器官。牙齿将食物咀嚼、咬碎；舌头搅拌食物、帮助吞咽；唾液腺分泌唾液帮助消化。唾液中含有淀粉酶，可以将部分淀粉（没有甜味）分解为麦芽糖（有甜味）。这就是为什么米饭和馒头越嚼越甜的原因。

一 食物与消化

9 认识消化器官

目标

1. 了解人体用于摄取养分的器官，会简要描述人体的消化器官。

2. 能够用科学语言描述食物在口腔里的消化过程。

★ 课标要求

5.5 人体由多个系统组成。

3~4 年级：

⑦ 描述人体用于摄取养分的器官，列举保护这些器官的方法。

准备

人体消化器官模型、人体消化器官各部分图片。

过程与方法

> ❶ 说明
>
> 消化管包括口腔、咽、食管、胃、小肠、大肠等器官，消化腺包括肝、胰等以及分布在消化管壁内的小腺体。

1. 认识人体消化器官。

人体的消化系统由消化管和消化腺两大部分组成。❶

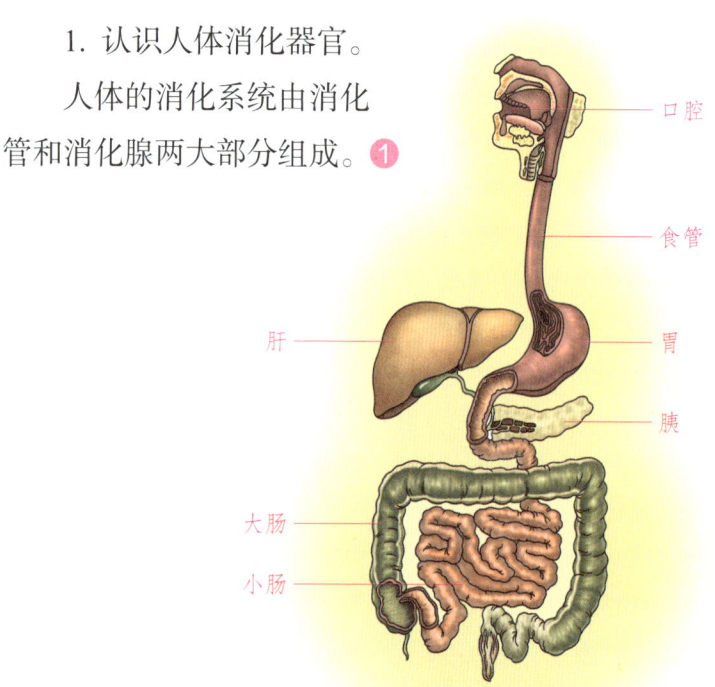

口腔

食管

肝

胃

胰

大肠

小肠

22

（1）口腔

口腔是消化管的起始部位。②

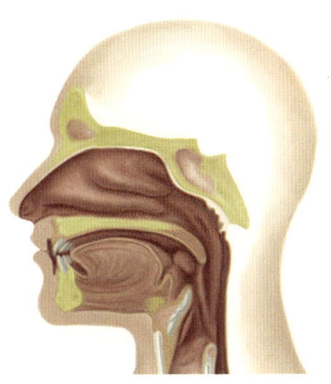

（2）食管

在口腔里被初步磨碎的食物经过咽来到食管，食管将食物继续运输到胃。③

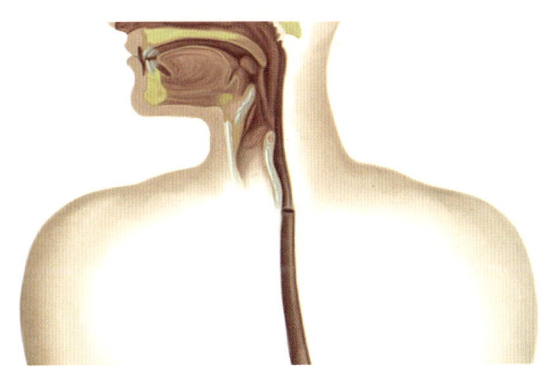

（3）胃

胃是储存食物的器官。④

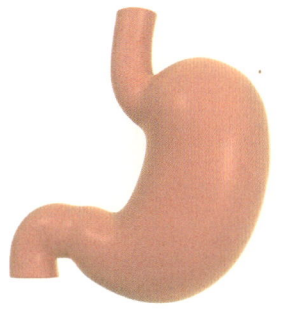

② 说明

　　大块食物在口腔中经过咀嚼被磨碎，唾液腺会分泌唾液帮助消化。

③ 说明

　　食物在食管的推进不是靠重力，而是靠肌肉有节律地收缩和松弛。

④ 说明

　　胃还具有消化食物的功能。胃通过蠕动搅磨食物，使食物与胃液充分混合。最后，食物经过研磨和胃液的作用变成糜状物。

⑤ 说明

　　经过胃的作用变成糜状物的食物被运输到小肠。小肠里有来自胰腺的胰酶、来自肝脏的胆汁及肠腺分泌的肠液。这些消化液一起将一部分食物分解成身体能吸收的小分子物质，最终被小肠壁吸收。

⑥ 说明

　　没有被小肠吸收的食物会进入大肠，其中一部分被大肠吸收，剩余的残渣形成粪便，通过肛门排出体外。

（4）小肠

小肠是消化食物的主要器官。⑤

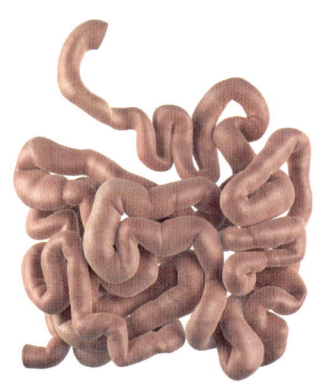

（5）大肠

大肠位于消化管下端。⑥

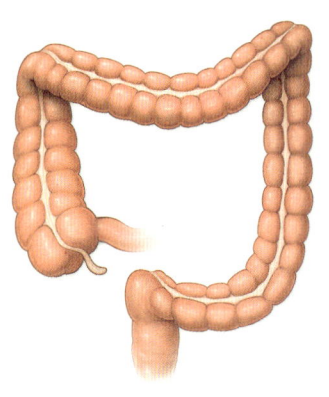

知识卡

消化系统的组成

　　人体的消化系统由消化管和消化腺两部分组成。消化管包括口腔、咽、食管、胃、小肠（分为十二指肠、空肠和回肠）、大肠（分为盲肠、结肠和直肠）。消化腺是分泌消化液的腺体，包括大、小两种。大消化腺有唾液腺、肝脏和胰腺；小消化腺则位于消化管壁内，有胃腺和肠腺等。

10 设计一日食谱

目标

知道饮食如何搭配，能做到营养平衡。

> ★ 课标要求
>
> 6.2 人和动物通过获取其他生物的养分来维持生存。
>
> 3~4 年级：
>
> ④ 描述动物维持生命需要空气、水、食物和适宜的温度。

准备

各种食物能量表。

过程与方法

1. 确定用餐对象每日人体的能量需要量。❶

2. 根据能量需要量结合平衡膳食宝塔确定各类食物每日摄入量。

> ❶ 说明
>
> 9岁儿童（三年级）每日能量需要量约为 1 600 kcal（千卡）。

表1-1：每日食物摄入量

单位：g

食物种类	谷薯	蔬菜	水果	畜禽肉	水产品	蛋	奶	大豆及坚果	油	盐
摄入量	280	360	320	60	60	40	300	30	25	6

3. 将这些食物按照3∶4∶3的比例分配到一日三餐中。

表1-2：每日食物分配表

单位：g

餐别	食物种类									
	谷薯	蔬菜	水果	畜禽肉	水产品	蛋类	奶类	大豆类	油	盐
早餐	80	0	100	0	0	40	100	0	0	0

餐别	食物种类									
	谷薯	蔬菜	水果	畜禽肉	水产品	蛋类	奶类	大豆类	油	盐
午餐	120	200	150	60	0	0	0	20	15	3
晚餐	80	160	70	0	60	0	200	10	10	3
合计	280	360	320	60	60	40	240	30	25	6

4. 按照同类互换、多种多样的原则调配一日三餐

餐别	种类							
	谷薯	蔬菜	水果	畜禽肉	水产品	蛋	奶	大豆及坚果
早餐	粥1碗，馒头1个（或面条1碗）		香蕉1根			鸡蛋1个	牛奶1杯	
午餐	米饭1碗，红薯1个	炒青菜、或西蓝花	苹果1个	红烧肉或盐卤鸡腿				麻婆豆腐
晚餐	米饭或面条1碗	芹菜炒香干或糖醋包菜	橘子1个		清蒸鱼或油焖大虾		牛奶1杯	坚果1份

知识卡

儿童每日能量供给标准

世界卫生组织建议对4~12岁儿童的能量供给量为1 830~2 470 kcal/d。我国营养学会建议儿童能量供给量为：6~10岁为1 400~1 600 kcal/d，11~13岁为1 800~2 000 kcal/d。

11 量筒的使用方法

目标

学会量筒的使用方法。

★ 课标要求

1.1 物质具有一定的特性与功能。

3~4 年级：

① 能使用简单的仪器测量一些物体的长度、质量、体积、温度等常见特征，并使用恰当的计量单位进行记录。

准备

量筒、试剂瓶（装有水）、胶头滴管、烧杯。

过程与方法

1. 把液体（水）注入量筒。❶ ❷

❶ 提示

向量筒中注入液体时，应当用左手拿住量筒，右手拿试剂瓶。量筒略倾斜，让量筒口紧挨着试剂瓶口，使液体缓缓流入量筒。

❷ 提示

待注入的液体量接近所需要的量时，把量筒平放在桌面上，改用胶头滴管滴加液体，直到达到所需要的量。

❸ 提示

　　读数时，视线应与量筒内液体的液面处在同一水平面上。

❹ 说明

　　读数时，如果俯视，读数会偏高，如果仰视，读数会偏低。

2. 读数。

　　注入液体（水）之后，等待一到两分钟，使附着在内壁上的液体流下来，再读取刻度值。将量筒的刻度面对自己，视线可以直接看到刻度。❸ ❹

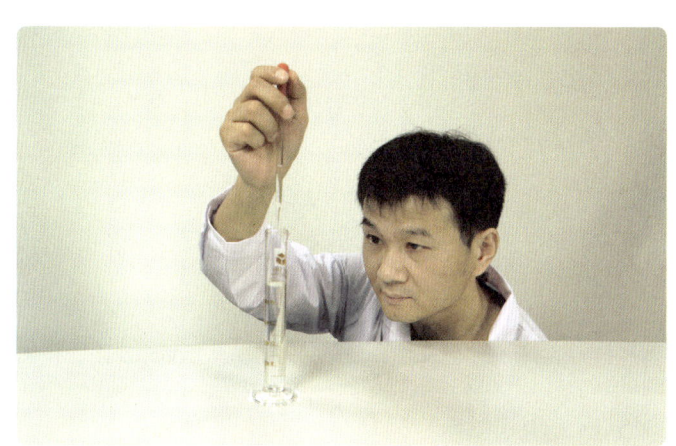

知识卡

量　　筒

　　量筒是实验室中常用的一种量器，主要用玻璃制成，少数（特别是大型的）用透明塑料制成。量筒的用途是按体积定量量取液体。量筒为竖直的圆筒形，上沿一侧有嘴，便于倾倒液体；下部有宽脚以保持稳定。圆筒壁上有刻度，最大测量范围从几毫升到几升。

12 50 mL水能溶解多少食盐

目标

知道50 mL水能溶解一定量的食盐。

★ 课标要求

2.2 物质的溶解和溶液。

3～4年级：

③ 描述一定量的不同物质在一定量水中的溶解情况。

准备

烧杯1个、量筒1个、试剂瓶1个、胶头滴管1个、药勺1个、玻璃棒2根、食盐1包。

过程与方法

1. 用量筒量取50 mL水，倒入烧杯 ❶ 。

❶ 提示

待注入水的量比50 mL稍少时，把量筒平放在桌面上，改用胶头滴管，滴加水到50 mL。

❷ 提示

选择一个大约能装 2 g 食盐的药勺，一勺一勺地加入食盐。注意：每次加入的食盐应确保都是一平勺。每加一勺食盐，就用玻璃棒搅拌，让食盐完全溶解，然后再加第二勺，直到加入的最后一勺食盐不再溶解。

2. 加入食盐，搅拌，使其溶解 ❷。

3. 记录加入食盐的量。加入食盐的总勺数，减去一勺，就是 50 mL 水能溶解食盐的最大量。

知识卡

饱和食盐水

在一定量的水中，加入食盐让食盐溶解。当加入的食盐足够多时，食盐无法继续溶解，此时的水溶液为饱和食盐水。

食盐的溶解度

在一定温度下，食盐在 100 g 水里达到饱和状态时溶解的克数，叫作食盐的溶解度。在 20 ℃时，食盐在水中的溶解度为 36 g。

13 50 mL水能溶解多少白糖

目标

1. 知道50 mL水能溶解一定量的白糖。

2. 通过比较50 mL水能溶解的白糖和食盐的量，知道不同物质在一定量水中的溶解量不同。

> ★ 课标要求
>
> 2.2 物质的溶解和溶液。
>
> 3~4年级：
>
> ③ 描述一定量的不同物质在一定量水中的溶解情况。

准备

烧杯1个、量筒1个、试剂瓶1个、药勺1个、玻璃棒2根、白糖1包。

过程与方法

1. 用量筒量取50 mL水，倒入烧杯。

2. 加入白糖，搅拌，使其溶解。❶❷

> ❶ 提示
>
> 在50 mL水中，一勺一勺地加入白糖，每加一勺白糖，就用玻璃棒搅拌，让白糖完全溶解。然后再加第二勺。直到加入的最后一勺白糖不再溶解。
>
> ❷ 提示
>
> 搅拌时，玻璃棒不要碰到杯壁。

3. 记录加入白糖的量。加入白糖的总勺数，减去一勺，就是50 mL水能溶解白糖的最大量。

4. 比较在50 mL水中最多能溶解的白糖和食盐的量。

5. 得出的结论：50 mL水能溶解的白糖比溶解的食盐要多。

知识卡

饱和白糖水

在一定的温度下，在一定量的水中加入白糖，让白糖溶解。当加入的白糖足够多时，白糖无法继续溶解，此时的水溶液为饱和白糖水

白糖的溶解度

在一定温度下，白糖在100 g水里达到饱和状态时所溶解的克数，叫作白糖的溶解度。在20 ℃时，白糖的溶解度为204 g。

14 怎样加快溶解

目标

知道用压碎、加热和搅拌的方法能加快方糖在水中的溶解。

★ 课标要求

2.2 物质的溶解和溶液。

3~4 年级：

③ 知道是否搅拌和温度高低是影响物质在水中溶解快慢的常见因素。

准备

100 mL 烧杯、水、量筒、药勺、玻璃棒、酒精灯、火柴、三脚架、石棉网、方糖、小锤子、滤纸。

过程与方法

1. 将一块方糖压碎，另一块方糖不压碎，分别放入装有 50 mL 水的不同烧杯中，观察、记录方糖溶解的时间。❶

❶ 提示

在压碎方糖的时候，可以将方糖裹住滤纸中，用小锤子轻轻敲打，使方糖碎成粉末。

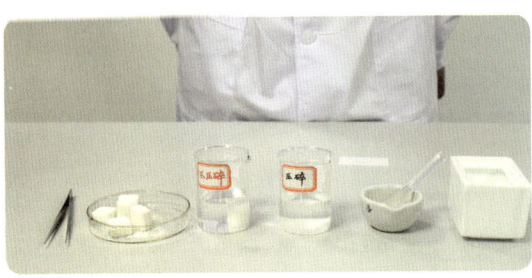

2. 将两块方糖分别放入装有 50 mL 水的不同烧杯中，将其中一个烧杯放在酒精灯上加热，另一个不加热，观察、记录两个烧杯中方糖溶解的时间。❷

❷ 提示

在加热烧杯中的水时，注意要在三脚架上面放石棉网。点燃酒精灯时，要用火柴，不能用一个已经点燃的酒精灯去点燃另一个酒精灯。

33

❸ 提示

　　用玻璃棒搅拌液体时，动作要轻，玻璃棒不要碰着烧杯的杯壁。

3. 将两块方糖分别放入装有50 mL水的不同烧杯中，搅拌其中一个烧杯里的溶液，另一个不搅拌。观察、记录两个烧杯中方糖溶解的时间。❸

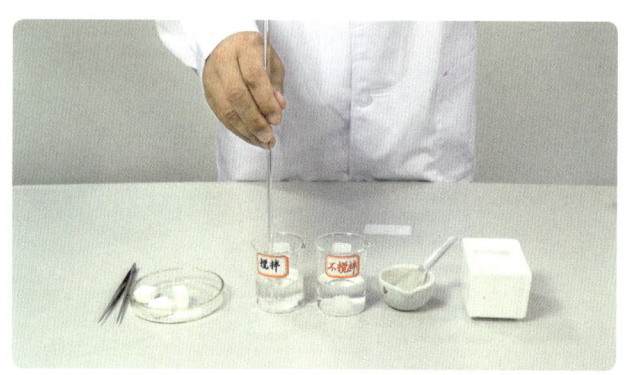

4. 整理实验数据

实验方法	溶解时间/min	实验方法	溶解时间/min	实验方法	溶解时间/min
压碎		加热		搅拌	
不压碎		不加热		不搅拌	

5. 分析数据，得出结论：压碎、加热和搅拌能加快物质在水中的溶解速度。

知识卡

加快溶解的常用方法

　　压碎物质能加快物质的溶解，是因为物质在被压碎之后能与水（溶剂）的接触面增大，使物质能快速的分散到水中去。

　　多数物质在溶解的时候是要吸收热量的，所以加热可以加快这类物质的溶解。但是，有的物质在溶解的时候是要放出热量的，那么对于这样的物质在溶解的时候则要降温才能加快它的溶解。

　　搅拌能加快物质在水中的溶解，是因为搅拌过程中，物质能与水（溶剂）的接触面增大，使物质能快速的分散到水中去。

15 怎样把溶解在水里的
食盐找回来

目标

知道能用溶解、过滤和蒸发等方法将食盐从食盐水中分离出来。

> ★ 课标要求
>
> 1.1 物质具有一定的特性与功能。
>
> 3~4 年级：
>
> ② 能根据物体的特征或材料的性质将两种混合在一起的物体分离开来，如分离沙和糖、铁屑和木屑等。

准备

烧杯、玻璃棒、药勺、蒸发皿、坩埚钳、三脚架、石棉网、酒精灯、火柴、护目镜。

过程与方法

1. 制作浓盐水。

取大约 10 mL 水，将食盐一勺一勺加入水中，充分搅拌，让食盐溶解到水里，直到不能继续溶解为止。

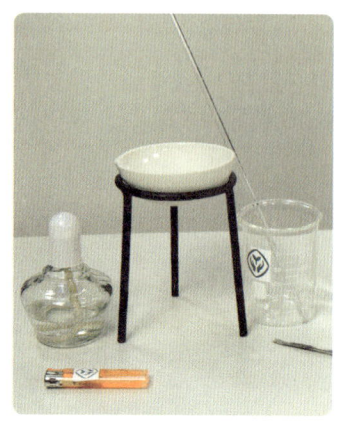

提示

从三脚架上取下蒸发皿时，一定要用坩埚钳，以防烫伤。热的蒸发皿不能直接放在桌子上，要用石棉网垫着。

在蒸发水分的过程中，一旦看到有白色晶体析出，就要戴上护目镜，用玻璃棒慢慢搅拌。这样做的目的是防止固体溅出来烫伤皮肤。

2. 加热浓盐水，蒸发水分。❶

在蒸发皿中倒入少许浓盐水，然后放在三脚架上用酒精灯加热。等看到有白色晶体析出时，用玻璃棒慢慢搅拌，直到白色晶体全部析出。

3. 结论：通过加热，食盐溶液中的水分不断蒸发。随着水分蒸发，溶解在水中的食盐不断结晶析出。

4. 了解海盐的形成过程。

知识卡

结　晶

晶体从液体（或气体）中析出的过程叫作结晶。现实生活中的结晶现象很多，例如，从海水中得到食盐晶体的过程，地下矿物从熔融的岩浆中结晶出来的过程。结晶常被用作提纯固体物质的方法。要使溶液中的溶质结晶出来，可以用蒸发溶剂或降低温度的方法。

16 过滤

目标

知道能用过滤等方法将食盐从含有沙子等杂质的混合物中分离出来。

★ 课标要求

1.1 物质具有一定的特性与功能。

3~4 年级：

② 能根据物体的特征或材料的性质将两种混合在一起的物体分离开来，如分离沙和糖、铁屑和木屑等。

准备

食盐和沙子的混合物、烧杯、玻璃棒、漏斗、滤纸、带铁圈的铁架台。

步骤

1. 准备混有沙子的食盐溶液。

将混有沙子的食盐倒入装有水的烧杯中，充分搅拌，让食盐全部溶解于水。❶

❶ 说明

搅拌后，有的沙子会沉在水底，有的则悬浮在水中。

②提示

● 滤纸不能破损。

● 滤纸与漏斗壁之间不得有空隙,漏斗颈部不能有气泡,不然过滤速度会很慢。

2. 准备滤纸

将圆形滤纸对折两次,然后打开,把圆锥形的滤纸（一边三层,另一边一层）尖端朝下,放进漏斗,用手压住,用水润湿滤纸,使滤纸紧贴漏斗内壁。②

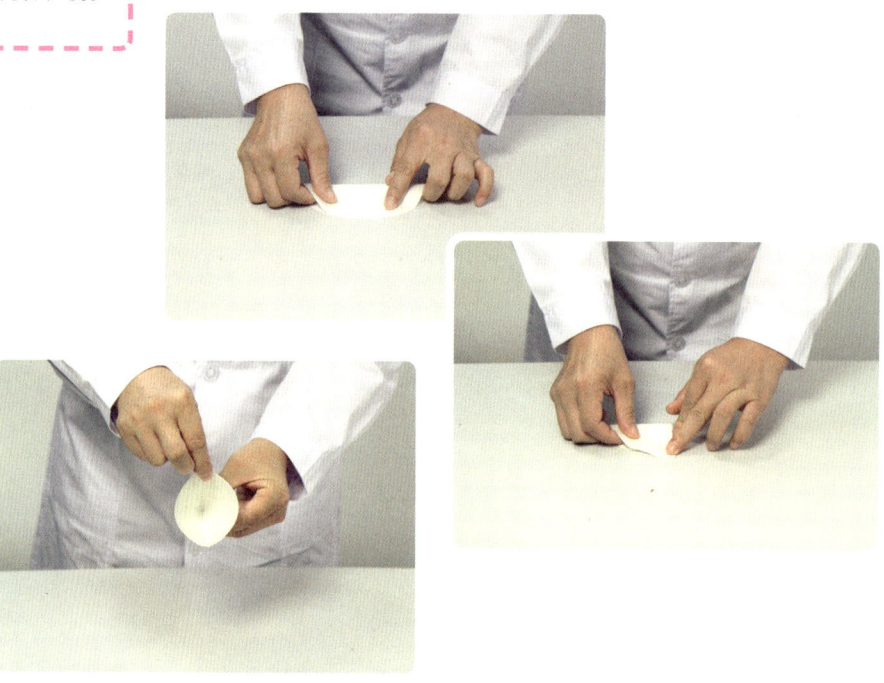

3. 准备过滤装置

在铁架台的铁圈上放上装好滤纸的漏斗,漏斗下方放一个洁净的烧杯,使漏斗末端紧靠烧杯内壁。

4. 过滤。

将要进行过滤的液体倒入漏斗，过滤。

❸ 提示

过滤时要做到"一贴，二低，三靠"。"一贴"是指滤纸要紧贴漏斗内壁；"二低"是指滤纸边缘要低于漏斗边缘，漏斗中的液面要低于滤纸边缘；"三靠"是指倾倒液体时，烧杯口要紧靠玻璃棒，玻璃棒的末端要紧靠有三层滤纸的一边，漏斗末端要紧靠承接滤液的烧杯内壁。这样，就能得到没有沙子的食盐水了。

知识卡

过 滤

过滤是把没有溶解于溶剂的固体物质与液体分离的一种方法，是将液体提纯净化的过程。

实验室一般用漏斗和滤纸进行过滤。过滤用的滤纸，大部分由棉质纤维组成。由于其材质是纤维，因此滤纸的表面有无数小孔可供液体通过，而体积较大的固体粒子则不能通过。当混有固体颗粒的液体通过滤纸上的小孔时，固体颗粒会被截留，从而得到澄清的液体。经过过滤得到的澄清液体叫作滤液，留在滤纸上的固体物质叫作滤渣。

17 分离混合物

目标

知道利用物体的特征或材料的性能，把混合在一起的物体分离开来，如分离沙和糖、铁屑和木屑等。

★ 课标要求

1.1 物质具有一定的特性与功能。

3～4年级：

② 能根据物体的特征或材料的性质将两种混合在一起的物体分离开来，如分离沙和糖、铁屑和木屑等。

准备

食盐、铁屑和沙子的混合物，100 mL烧杯、玻璃棒、漏斗、滤纸、蒸发皿、坩埚钳、三脚架、石棉网。

过程与方法

❶ 提示

要用条形磁铁来吸铁屑，这样更好操作。

1. 分离混合物中的铁屑。

依据磁铁能吸铁的性质，用磁铁把铁屑吸出来。❶

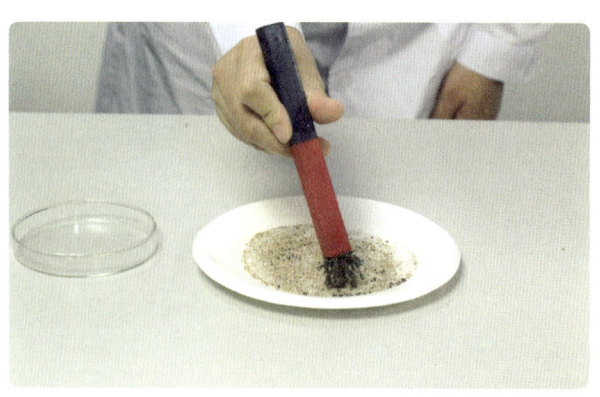

2. 分离混合物中的沙子。

（1）溶解食盐。

将混有沙子的食盐倒入水中，搅拌，使食盐充分溶解。

（2）过滤沙子。

将溶液进行过滤。使沙子留在滤纸上，实现沙子与食盐水的分离。

（3）蒸发水分。

将食盐水盛在蒸发皿中，用酒精灯加热，蒸发水分，就可以得到纯净的食盐晶体了。❸

❷ 说明

食盐容易溶解在水里；沙子难溶于水。

❸ 说明

这就是食盐的重结晶。

二 溶解与分离

知识卡

溶　液

一种（或一种以上）物质以分子或离子状态分散在另一种物质里，形成均一的、稳定的混合物，这种混合物叫作溶液。

水可以作为溶剂溶解很多种物质。用水作溶剂的溶液，称为水溶液。

当两种物质互溶时，一般把质量大的物质称为溶剂；如果其中一种物质是水，一般习惯将水称为溶剂。

41

18 观察手电筒

目标

知道手电筒是由哪些部分组成的，手电筒中的灯泡是如何点亮的。

★ 课标要求

3.2 电磁相互作用。

3~4 年级：

⑦ 知道电源、导线、用电器和开关是构成电路的必要元件；说明形成电路的条件，切断闭合回路是控制电流的一种方法。

准备

1个简单的、方便拆卸和观察的手电筒，小灯泡、电池剖视图。

过程与方法

❶ 提示

拆开后，把手电筒的部件，按照它们的先后顺序摆放，以便观察。

1. 拆开一个手电筒。❶

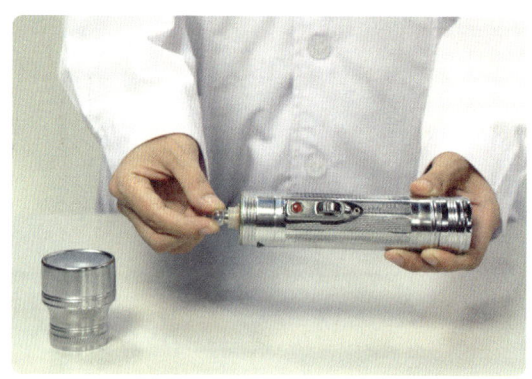

2. 仔细观察手电筒的组成部分。

3. 对照小灯泡剖视图，观察小灯泡的结构。❷

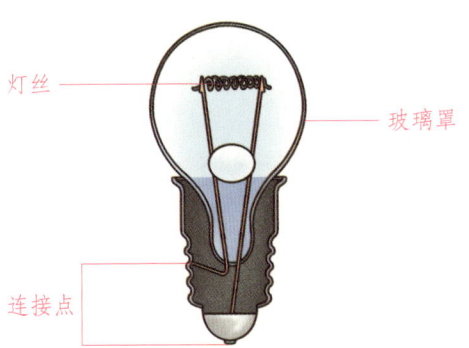

灯丝
玻璃罩
连接点

4. 对照电池剖视图，观察电池的结构。❸

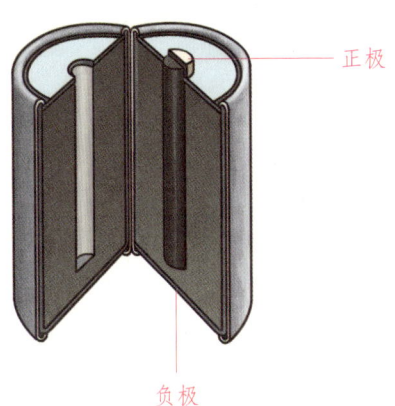

正极
负极

❷ 说明

　　观察时要将实物与剖视图进行对照、比较，思考每部分的作用。
　　灯泡主要由灯丝、连接点、玻璃罩等部分组成。

❸ 说明

　　电池里有一根碳棒，碳棒是正极，一般加有凸出的铜帽；锌皮做的圆筒是电池的负极，一般为平面。

知识卡

手电筒的小灯泡是怎样亮起来的

　　电池中的电从电池正极流出，经过小灯泡的灯丝，再经过金属带流到开关，最后流到电池负极，回到电池内。这样电池中的电从正极出发，流过一圈又回到电池里，小灯泡就亮起来了。

19 点亮小灯泡

目标

探究形成电路的基本条件。

准备

小灯泡1个、导线1~2根、电池1节。

过程与方法

1. 观察电池和小灯泡，认识电池的正负极以及小灯泡的连接点。

2. 用1个小灯泡、1节电池和1~2根导线相互连接，尝试使小灯泡亮起来，并画出小灯泡亮起来和没有亮起来的连接方法。❶❷❸❹

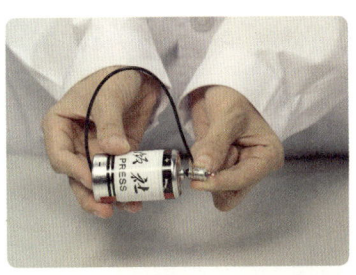

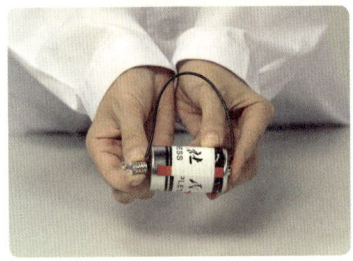

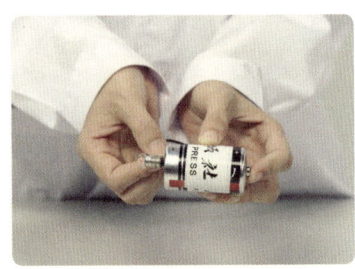

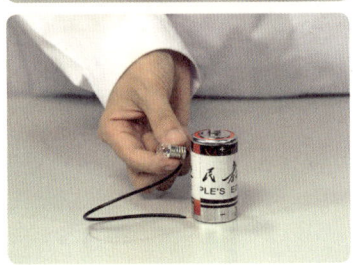

❶ 注意

　　用导线连接电池和小灯泡时，不能生拉硬拽。

❷ 注意

　　研究有关电的问题时，只能用电池来做实验。千万不要用家里的插座做实验！

❸ 注意

　　不要用导线直接连接电池的正极和负极！

❹ 提示

　　可用画实物简图的方法绘制电路的连接方式，不必使用电路图的符号画图。

3. 分析小灯泡不亮的连接方法有什么问题。

4. 比较分析可以使小灯泡亮起来的连接方法有什么共同之处。

5. 得出结论：能使小灯泡亮起来的连接方式，都形成了电流的闭合回路。

知识卡

电　路

　　电路是由电源、用电器、开关及导线组成的闭合回路。由一个电源、一个用电器（如小灯泡）及导线组成的电路是最简单的电路。

20 点亮两个小灯泡

目标

探究串联、并联电路的连接方式。

★ 课标要求

3.2 电磁相互作用。

3～4年级：

⑦ 知道电源、导线、用电器和开关是构成电路的必要元件；说明形成电路的条件，切断闭合回路是控制电流的一种方法。

准备

小灯泡2个、小灯座2个、导线4根、电池1节、电池盒1个。

过程与方法

❶ 说明

在串联电路中，闭合开关两个灯泡同时发光；断开开关，两个灯泡同时熄灭，这说明开关可以控制所有的小灯泡。

1. 连接电路，使一个小灯泡亮起来。

2. 把第二个小灯泡接入电路，使之与第一个灯泡依次连接起来，组成一个串联电路。❶

在这种连接方式中，电流流过一个小灯泡的同时也流过另一个。

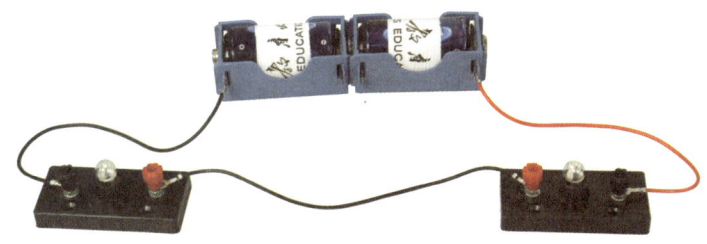

46

3. 改变连接方式，把两个小灯泡并列地连接起来，组成一个并联电路。❷

在这种连接方式中，干路的电流被分成两部分，并分别流过两个支路中的导线和小灯泡。

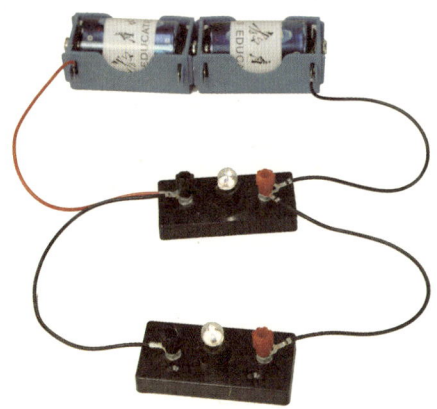

❷ **说明**

在并联电路中，只有当干路上的开关闭合，各支路上的开关也闭合时，所有灯泡才会发光。此时，如果断开一个支路的开关，该支路的灯泡便不发光，但不影响另一个支路的灯泡发光。当干路上的开关断开，支路上的开关闭合时，所有灯泡都不会发光。这说明，干路上的开关可以控制整个电路，支路上的开关只能控制本支路的电路。

知识卡

串联电路和并联电路

串联电路和并联电路不同。串联电路中，电流的路径只有一条，从电源正极流出的电流将依次流过各用电器，最后回到电源负极。如果其中一个用电器损坏或某一处断开，整个电路就会没有电流，所有用电器都将停止工作。

在并联电路中，从电源正极流出的电流在分支处被分为多个支路，每个支路都有电流流过。即使某一支路断开，另一支路仍会与干路构成回路，各个支路之间互不牵连。

21 认识开关

目标

1. 了解开关的结构和作用。

2. 认识生活中常见的开关。

★ 课标要求

3.2 电磁相互作用。

3~4 年级：

⑦ 知道电源、导线、用电器和开关是构成电路的必要元件；说明形成电路的条件，切断闭合回路是控制电流的一种方法。

准备

单刀单掷开关、拉线开关、双刀单掷开关等开关的实物图。

过程与方法

❶ 说明

单刀单掷开关两个接线柱由金属制成，分别接入进线和出线；两个触点和单刀也由金属制成，用来控制电路的接通和断开；单刀一端装有塑料手柄，以防触电；底座一般用木头或塑料等不容易导电的材料制作。

❷ 说明

拉线开关的原理：利用拉线控制转轴旋转。拉一下拉线，两个铜片互相接触，电路接通；再拉一下，铜片不再接触，电路断开。

1. 观察一个单刀单掷开关，了解它是由哪些部分组成的，每部分是由什么材料制成的。❶

单刀单掷开关，由两个接线柱、两个触点、单刀、塑料手柄和底座构成。

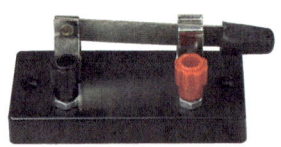

2. 认识更多的开关 ❷ ❸

拉线开关由一个铜制弹片和几个能随绝缘轴转动的、具有一定间隔的铜片组成。

48

双刀单掷开关由两个单刀单掷开关并列组成。

❸ 说明

　　双刀单掷开关的接线方式与单刀单掷开关一样。双刀单掷开关中的双刀通过一个绝缘塑料相连，共用一个手柄。利用双刀单掷开关可以同时接通、断开两条电路。

　　空气开关，又叫作空气断路器，是一种可以保护电路的开关。

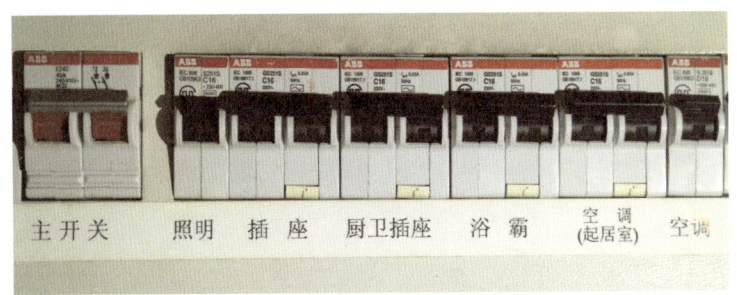

主开关　　照明　插座　厨卫插座　浴霸　空调(起居室)　空调

知识卡

开　关

　　开关是可以使电路接通或断开的电子元件。

　　单刀单掷开关是实验中常用的开关，开关的接点和刀片一般选用金属铜。

　　开关是安全用电的重要元件，其材质、性能、产品质量对于预防火灾、降低损耗都有至关重要的作用。

22 导体与绝缘体

目标

知道一些材料容易导电，是导体；一些材料不容易导电，是绝缘体。

★ 课标要求

3.2 电磁相互作用。

3~4 年级：

⑧ 知道有些材料是导体，容易导电；有些材料是绝缘体，不容易导电。

准备

1. 制作简易电路检测器的材料：小灯泡1个、小灯座1个、导线4根、电池2节、电池盒2个、金属接触头2个。

2. 待检测材料：橡皮、铁片、铝片、铜丝、曲别针、木片、纸板、塑料片、玻璃棒等。

过程与方法

❶ 注意

制作简易电路检测器，用导线连接电池、小灯泡和金属接触头时，不能生拉硬拽。

❷ 说明

将两个金属接触头相接触，如果小灯泡亮了，说明简易电路检测器能正常工作。

1. 将小灯泡、小灯座、导线、电池、电池盒、金属接触头依次连接，制作一个简易电路检测器。❶❷

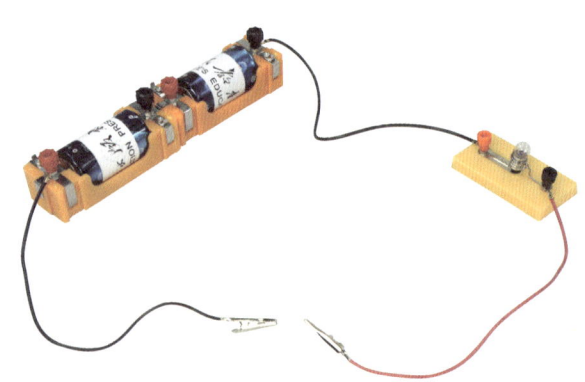

50

2. 用简易电路检测器检测木棍是否导电。

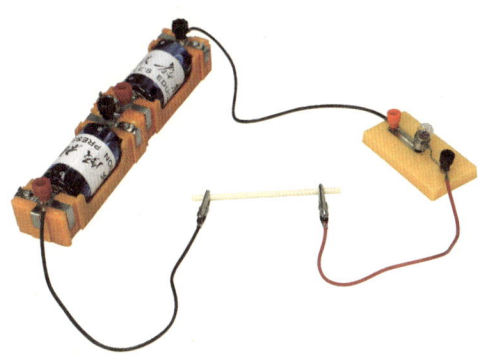

3. 依照检测木棍的实验步骤，依次检测大约10种材料是否导电。❹ ❺

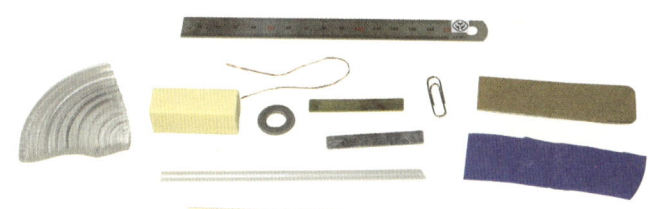

提示

检测前可对结果进行预测，并做好记录。

❹ 提示

检测某种材料是否导电时，要确保这种材料表面没有覆盖或包裹塑料、油漆等其他材料，金属材料上没有氧化层。

❺ 注意

检测材料的导电性时，只能用电池作电源。不能用交流电做实验，以免发生触电事故。

4. 将检测的实验结果记录在表格中。

材料	预测		实验结果	
	灯泡亮	灯泡不亮	灯泡亮	灯泡不亮
橡皮				
玻璃棒				
铜丝				
木片				
铁片				
纸板				
曲别针				
塑料片				
铝片				

5. 得出结论：经过检测发现，有些材料接入电路中，小灯泡能被点亮，说明这些材料容易导电。有些材料接入电路中，小灯泡不能被点亮，说明这些材料不易导电。容易导电的材料叫作导体，不容易导电的材料叫作绝缘体。

导体和绝缘体

容易导电的物体叫作导体，各种金属以及酸、碱、盐的水溶液、人体等都是导体。不容易导电的物体叫作绝缘体，也叫电介质，塑料、橡胶、玻璃、陶瓷、干燥的木头等都是绝缘体。

绝缘体在一定条件下，也可以转化为导体。例如，玻璃在常温下是绝缘体，在高温下就可能转化为导体。要注意，潮湿的绝缘体也会导电。

23　制作简易开关

目标

制作一个能控制电路的简易开关。

★ 课标要求

3.2 电磁相互作用。

3~4 年级：

⑦ 知道电源、导线、用电器和开关是构成电路的必要元件；说明形成电路的条件，切断闭合回路是控制电流的一种方法。

准备

木块1个、曲别针2个，导线4根，图钉4个，铁夹1个。

过程与方法

1. 制作简易开关（一）

（1）木块1个、曲别针1个，图钉2个和两根导线。❶

（2）去除导线两端的塑料皮，露出约2 cm的铜芯。❷

❶ 提示

简易开关的底座可以用木块制作，也可以用塑料、纸盒等其他绝缘材料制作。

❷ 注意

使用小刀等工具去掉导线上的绝缘皮时，要特别小心，避免受伤。

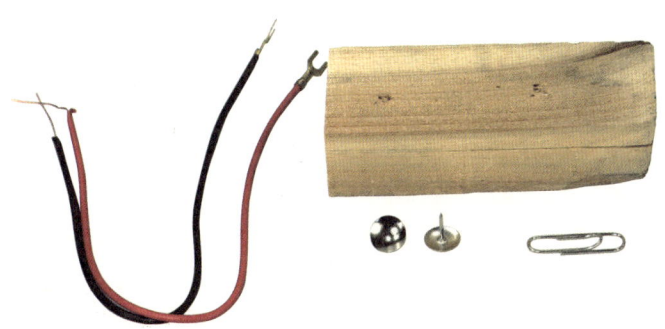

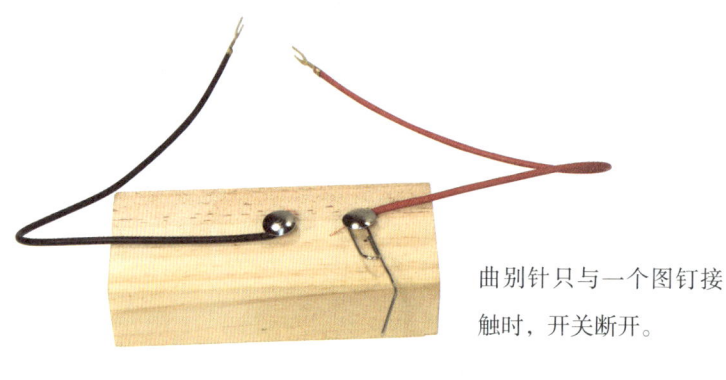

③ 注意

为了避免导线脱落，要多缠几圈并缠紧。

④ 注意

不要将图钉遗落在地上，以免发生伤脚的危险。

（3）将两根导线一端的铜芯分别缠绕在两个图钉上。③

（4）用图钉将展开的曲别针与导线的一端固定在木块的一端，将另一个缠有导线的图钉固定在木块的另一端。这样就做成了一个简易开关。④

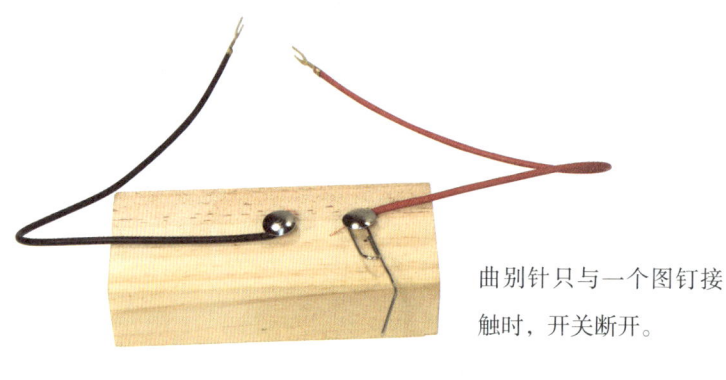

曲别针只与一个图钉接触时，开关断开。

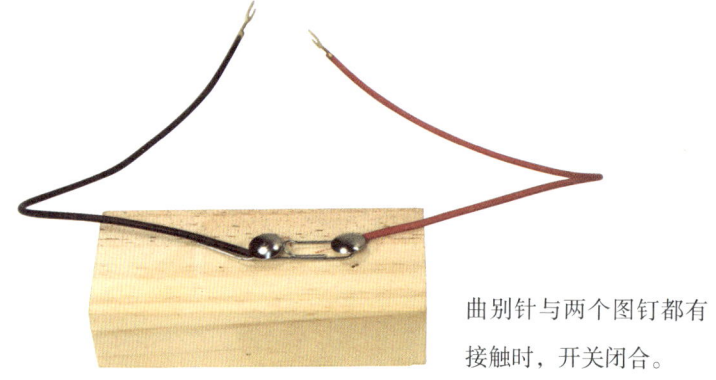

曲别针与两个图钉都有接触时，开关闭合。

（5）把制作好的简易开关连接到电路中，检验简易开关能否控制电路。⑤

⑤ 注意

实验时，只能用电池作电源。不要尝试用交流电做实验，以免发生触电事故。

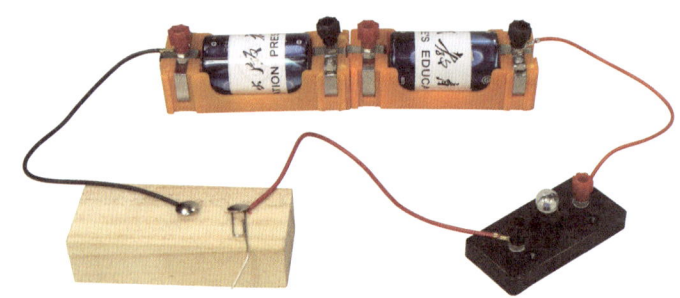

54

2. 制作简易开关（二）

（1）铁夹1个、曲别针1个，导线两根。

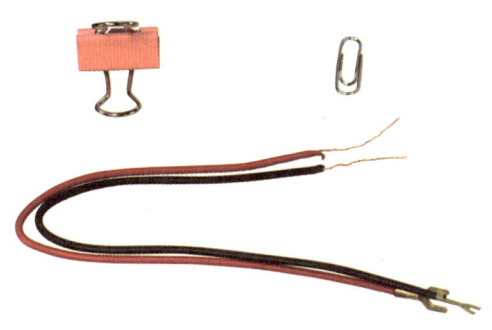

（2）将两根导线一端的塑料皮去除，分别把曲别针、铁夹接在导线上，即可做成一个简易开关。

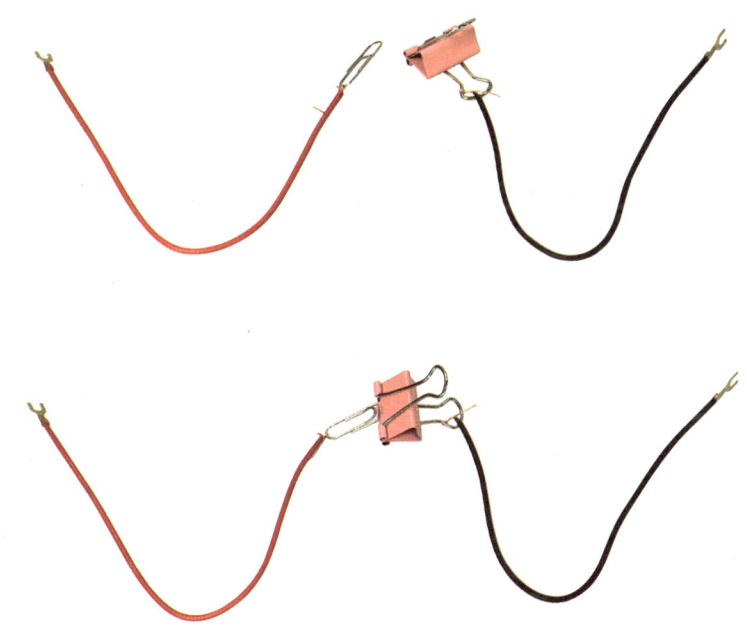

24 检测电路故障

目标

会使用简易电路检测器检查有故障的电路。

★ 课标要求

13.2 工程的关键是设计。

3～4年级：

② 借助表格、草图、实物模型、戏剧或故事等方式说明自己的设计思路。

③ 根据需求和限制条件，比较多种可能的解决方案，并初步判断其合理性。

准备

简易电路检测器1个、有故障的简单电路1个。

过程与方法

❶ 提示

可能有一处或多处故障。

1. 观察一个有故障的简单电路，并推测故障的原因。❶

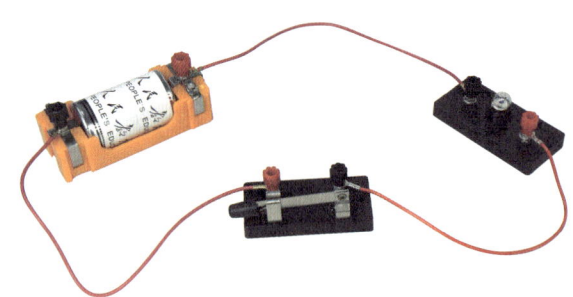

故障预测表

（1）可能是电池没电了。
（2）可能是小灯泡坏了。
（3）可能是导线断了。

2. 制作简易电路检测器。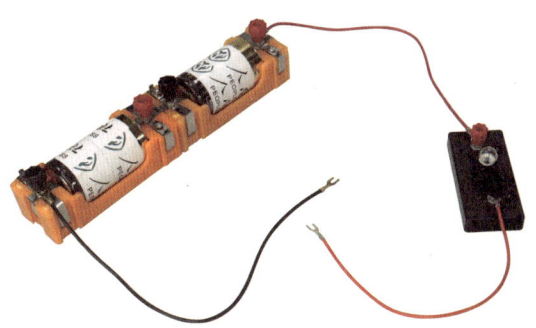

② 提示

简易电路检测器制作完成后，要先将两个检测头相接触，测试小灯泡是否被点亮。

③ 提示

依次将电池、小灯泡、导线接入简易电路检测器，观察小灯泡是否被点亮。

④ 提示

为了保证检测的准确性，每个部件需要检测两次，并做好记录。

⑤ 注意

千万不要自己动手检测家庭电路中的故障，以免发生触电事故！可以向有经验的人请教怎样解决家庭用电方面的故障。

3. 按照预测的电路故障顺序，依次用简易电路检测器检测。③ ④ ⑤

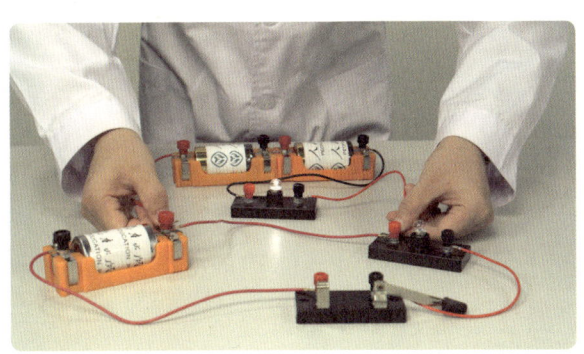

4. 结论：电路检测器的检测头连接到未发生故障的部分时，检测器中的小灯泡被点亮；连接到发生故障的部分时，小灯泡不会被点亮。

知识卡

常见的电路故障

在实验中，常见的电路故障主要表现在用电器无法正常工作（如小灯泡不亮，电压表、电流表示数反常等）。

造成这种情况的原因通常分为电路断路和电路短路两种。电路断路，是指电路的开关没有闭合或导线、用电器出现问题，导致了电路在某处断开。电路短路，是指电路连接方式出现问题或用电器出现问题，导致了电流流向发生错误。电路短路容易发生烧坏电源、用电器的情况，应尽力预防。

25 安全用电

目标

1. 知道触电对人体的危害。

2. 知道安全用电的常识。

★ 课标要求

3.2 电磁相互作用。

3~4 年级：

⑨ 列举电的重要用途，知道雷电、高压电、家庭电路中的交流电会对人身体产生伤害，知道安全用电的常识。

准备

安全用电相关的PPT、视频。

过程与方法

❶ 说明

当通过人体的电流较大时，就会发生触电事故。当电流过大时，人体会感到剧痛，甚至发生神经麻痹，肌肉剧烈收缩，自己无法摆脱电源，有生命危险。当电流达到 100 mA，很短时间就能使人窒息，甚至死亡。

1. 了解触电事故对人体造成的伤害，以及生活中应注意的安全用电问题。❶

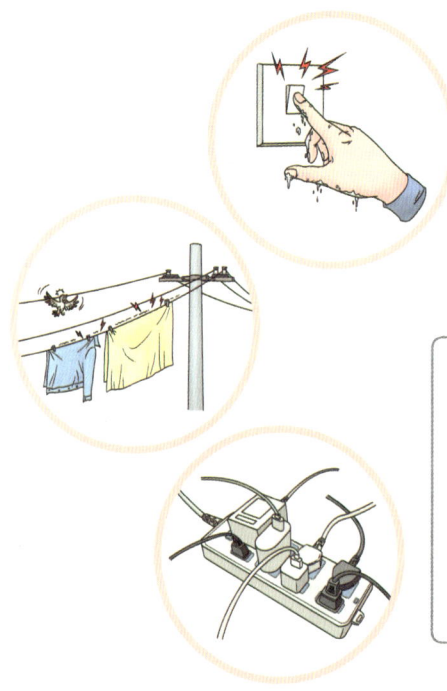

（1）远离变压器，裸露的电线。

（2）不用湿手触碰开关和插座。

（3）不在电线上晾衣服。

（4）避免插座过载。

2. 认识生活中常见的安全用电标识。

高压危险

当心触电

禁止攀登 高压危险

禁止攀牵线缆

3. 了解触电救助常识。❷❸

如遇家庭中发生触电事故的情况，应立即切断电源，使用塑料棒、木棒等绝缘物体将触电者与漏电处分开。

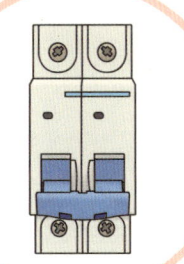

如遇室外发生高压触电事故的情况，应立即呼救或报警，在触电者与漏电处脱离前，不可贸然救人，要远离漏电处。

❷ 注意

发现有人触电，应该在确保自身安全的前提下，采取有效方式救助触电者。

❸ 说明

触电者脱离漏电处后的急救方法：
- 如果触电者意识清楚时，使其就地平躺休息。
- 如果触电者意识不清醒，呼吸停止，但心脏还在跳动，需马上做人工呼吸。
- 如果触电者意识不清醒，呼吸和心跳停止，需马上做人工呼吸和心肺复苏。

26 雷电及其危害

目标

1. 知道雷电、高压电、交流电会对人体产生伤害。

2. 知道如何避免雷电的伤害。

★ 课标要求

3.2 电磁相互作用。

3~4 年级：

⑨ 列举电的重要用途，知道雷电、高压电、家庭电路中的交流电会对人体产生伤害，知道安全用电的常识。

准备

关于预防雷电伤害的PPT、视频。

过程与方法

1. 室内如何预防雷电伤害。

（1）打雷时，关好门窗。

（2）打雷时，不要在窗户边使用电子设备。

2. 室外如何预防雷电伤害。

（1）打雷时，少去户外活动。

❶ 说明

发生雷雨天气时，天空中会出现带电云层。地面上位置较高、地形相对突出的物体，容易吸引雷电，并将雷电产生的电荷导入大地。

三 家庭用电

（2）打雷时，不去楼顶、山顶等高处。

（3）远离大树和电线杆。

（4）打雷时，不使用金属头、金属杆的雨伞。

知识卡

雷　电

雷电是一种大气中的剧烈放电现象。闪电一般发生在云和陆地或两块云层之间，这些闪电的温度可高达 30 000 ℃，具有很大的破坏性。

27 呼出的气体与吸入的空气有什么不同

目标

会用澄清的石灰水检测人呼出的气体与吸入的空气，了解呼出的气体与吸入的空气中的二氧化碳含量不同。

★ 课标要求

1.2 空气和水是重要的物质。

5~6 年级：

② 知道空气中的氧气和二氧化碳对生命活动具有重要意义。

准备

生石灰、250 mL 烧杯 5 个、吸管、注射器、玻璃棒、水、带铁圈铁架台、漏斗、滤纸。

过程与方法

> **① 提示**
>
> 过滤时要注意"一贴，二低，三靠"。

1. 制取澄清石灰水

向盛有水的烧杯内加入生石灰，搅拌，待有沉淀析出时，将液体倒出后进行过滤，便能得到澄清的石灰水。①

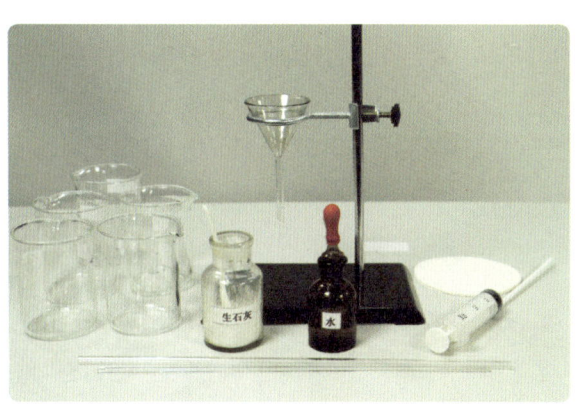

2. 往石灰水中吹入呼出的气体

向一个烧杯中倒入小半杯澄清的石灰水，用吸管向杯中吹气。❷

❷ 注意

● 往石灰水中吹气时，不要把石灰水溅起来，以免伤到自己。

● 千万不要把石灰水吸入口中。

3. 往石灰水中注入空气

向另一个烧杯中倒入小半杯澄清的石灰水，用注射器向杯中注入空气❸。

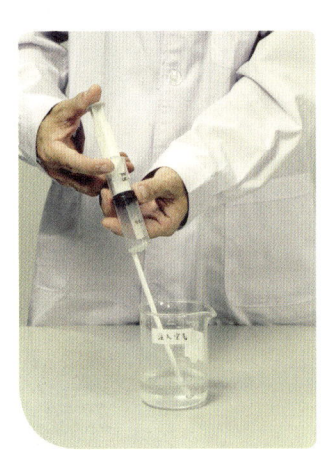

❸ 说明

人吸入的气体是空气，所以将空气注入石灰水中就可以检测人吸入的空气中的二氧化碳含量。

4. 观察实验现象

可以观察到：向澄清石灰水中吹入人呼出的气体后，澄清的石灰水会变混浊。向澄清石灰水中注入空气后，澄清的石灰水没有变化。❹

❹ 说明

二氧化碳能使澄清的石灰水变混浊。人在呼吸时，呼出的气体中二氧化碳含量较多，所以，往澄清的石灰水中吹入人呼出的气体后，澄清的石灰水变混浊。相比之下，空气中的二氧化碳含量很少，所以向澄清的石灰水中注入空气后，澄清的石灰水几乎没有变化。

5. 得出结论：人呼出的气体中的二氧化碳含量比吸入的空气中的二氧化碳含量要多。

四 我们的呼吸

28 用数字传感器测量呼吸时的气体含量

目标

　　用数字传感器测量呼吸时的气体含量。

★ 课标要求

1.2 空气和水是重要的物质。

5~6 年级：

② 知道空气中的氧气和二氧化碳对生命活动具有重要意义。

准备

氧气含量测量仪、二氧化碳含量测量仪。

过程与方法

❶ 提示

　　测试前，应确保测试环境通风。

❷ 提示

　　测试时，匀速缓慢地向传感器内吹气。

1. 测量空气中的氧气含量。❶

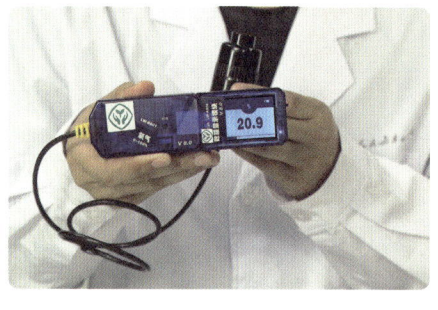

2. 测量呼出气体中的氧气含量。❷

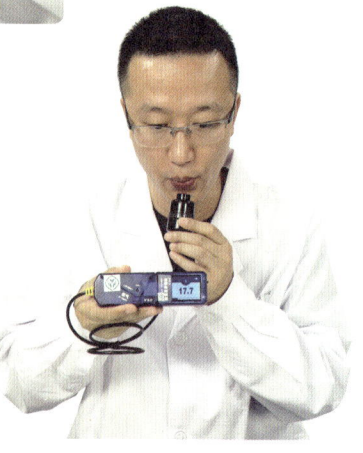

3. 测量呼吸前空气中二氧化碳的含量。

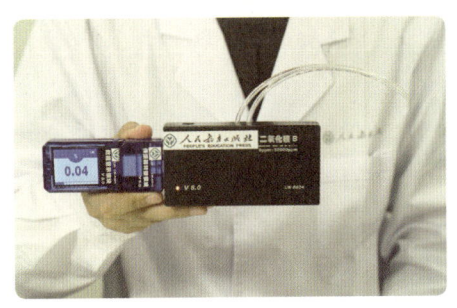

4. 测量呼吸时呼出气体中二氧化碳的含量。

5. 记录三次测量的数据。

测量次数	氧气含量/%		二氧化碳含量/%	
	呼吸前	呼吸后	呼吸前	呼吸后
1				
2				
3				
平均值:				

6. 分析数据，得出结论：与空气中的气体成分相比，人呼吸后呼出的气体中，氧气含量减少，二氧化碳含量增加。

知识卡

人体吸入的空气和呼出的气体成分比较

气体	氮气	氧气	二氧化碳	其他气体
空气中的含量/%	78	21	0.03	0.97
呼出气体中的含量/%	78	16	4	2

29 认识呼吸器官

目标

认识呼吸器官及其作用。

★ 课标要求

5.5 人体由多个系统组成。

3~4 年级：

⑥ 描述人体用于呼吸的器官，列举保护这些器官的方法。

准备

呼吸器官模型及图片。

过程与方法

❶ 说明

鼻腔表面有一层黏膜，内有丰富的毛细血管，能温暖吸入的空气。黏膜还能分泌黏液，即"鼻涕"，使鼻腔保持湿润，粘住吸入鼻腔中的灰尘和细菌。这样，体外干燥而寒冷的空气进入鼻腔后，便会逐渐变得温暖、清洁和湿润，从而减少对呼吸道和肺的刺激。因此，用鼻呼吸比用口呼吸好。

❷ 说明

咽的上面是鼻腔，前面是口腔，下面与两条管道气管和食管相通。

1. 认识人体的呼吸器官。

（1）鼻、咽、喉。❶❷

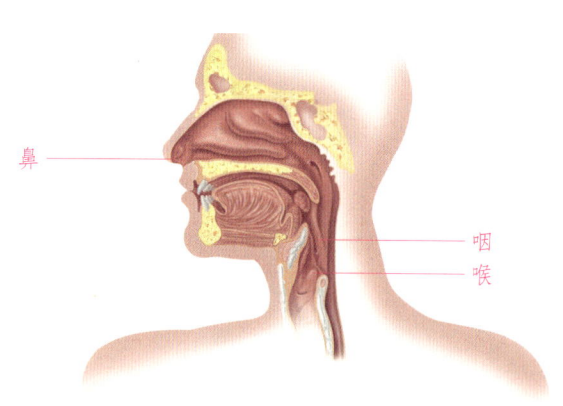

鼻是呼吸道的起始部分。鼻腔前部长有鼻毛，能阻挡灰尘和其他微粒的侵入。

咽是空气入肺和食物入胃的通道。

喉是气管的开端。

（2）气管和支气管。❸

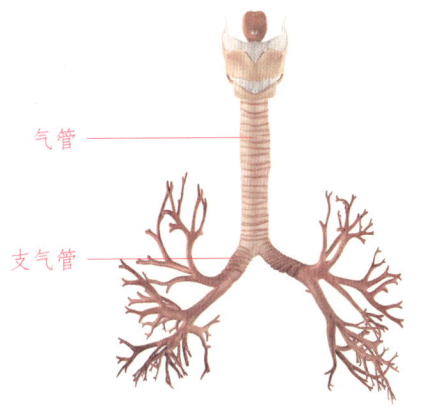

气管

支气管

喉以下是气管，由环状软骨组成。气管下端在胸腔内分为左右支气管，通至左右两肺。

（3）肺 ❹

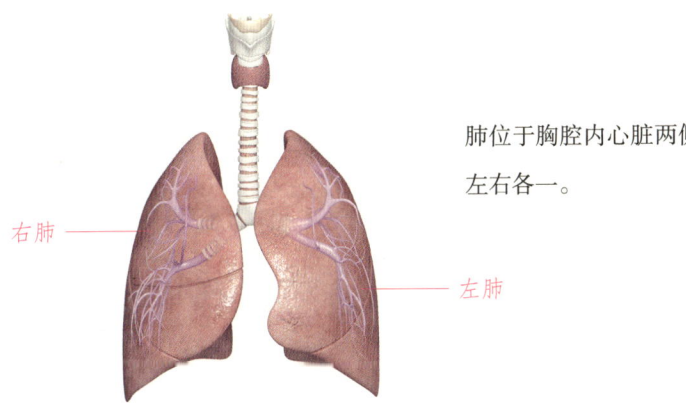

右肺

左肺

肺位于胸腔内心脏两侧，左右各一。

2. 认识吸进空气和呼出气体在身体内流经的途径。

（1）吸气时空气流经的途径：

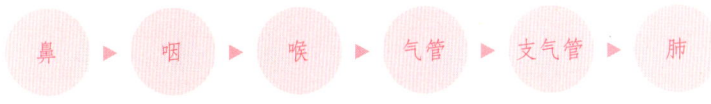

鼻 ▶ 咽 ▶ 喉 ▶ 气管 ▶ 支气管 ▶ 肺

（2）呼气时气体流经的途径：

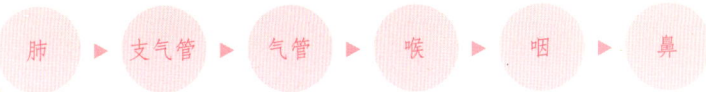

肺 ▶ 支气管 ▶ 气管 ▶ 喉 ▶ 咽 ▶ 鼻

❸ 说明

支气管进入肺内以后，像树枝一样一再分枝，最后形成很细的毛细支气管。气管和支气管内表面，覆有一层长有纤毛的黏膜。纤毛不停地向喉部方向摆动，把黏液和黏液里的细菌、灰尘逐渐推向喉部，并经咳嗽咳出，这就是"痰"。痰里往往带有病菌，因此我们不要随地吐痰，以免传播疾病。

❹ 说明

两肺均呈圆锥形，肺尖向上，稍圆钝，肺底在下，向内凹入。右肺分上、中、下三叶，左肺分上、下两叶。肺内侧面的中央有肺门，是支气管、肺血管、神经和淋巴管出入的门户。肺泡是肺进行气体交换的地方，位于支气管的末端，为半球形囊泡，由一层薄的上皮细胞构成，外面缠绕着毛细血管网和弹性纤维。肺泡壁上皮和毛细血管内皮的总厚度只有 $0.2 \sim 0.4 \ \mu m$，有利于血液和空气之间的气体交换。弹性纤维使肺具有良好的弹性。据估计，成年人约有 3 亿~4 亿个肺泡，可以进行气体交换的总面积可达 $100 \ m^2$。

30 制作简易呼吸器官模型

目标

制作简易呼吸器官模型。

★ 课标要求

5.5 人体由多个系统组成。

3～4年级：

⑥ 描述人体用于呼吸的器官，列举保护这些器官的方法。

准备

塑料饮料瓶、Y形管、小气球2个、大气球1个、超轻黏土（或橡皮泥）、剪刀。

过程与方法

① 注意

使用剪刀裁剪时，注意安全，不要伤到手。

② 提示

剪饮料瓶时可以先在剪开处用剪刀尖扎一个小口，然后再把剪刀顺着小口伸入瓶中，沿着瓶壁把瓶子剪开。

1. 制作胸部模型

取一个大的空饮料瓶（1 L以上），用剪刀从中间把饮料瓶剪开，保留上面的部分。① ②

2. 制作气管和肺的模型

（1）在Y形管分支的两端各套一个小气球，作为肺的模型。

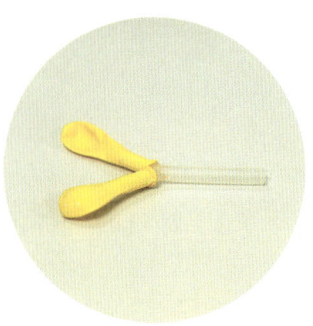

（2）用超轻黏土包裹住
Y形管的主管。❸

❸ 提示

　　超轻黏土不要堵
住Y形管口。

3. 安装简易呼吸
器官模型

（1）把带超轻黏
土的Y形管放入瓶中，
使带有黏土的主管在
瓶口处粘牢。❹

❹ 提示

● 主管处粘上的黏土
　直径要大于瓶口的
　直径。
● 黏土与瓶口间要密
　封好，不能有缝隙。

（2）把大气球从中间剪开。展开气球皮，包住
塑料瓶的下部，周边用透明胶带固定在饮料瓶上。❺

❺ 提示

　　这里的气球用于
模拟膈。

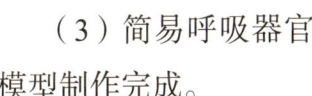

（3）简易呼吸器官
模型制作完成。

四 我们的呼吸

⑥ 提示

拉动气球皮时，不要用力太猛，以免将气球皮拉破。

⑦ 说明

Y形管上的小气球会随之收缩。

⑧ 说明

上面所做模拟实验的原理是：用手往下拉气球皮时，瓶内容积增大，气压降低，外界空气便会通过Y形管进入瓶内，使小气球吸进空气鼓起来；放松气球皮膜时，瓶内容积减小，气压增大，小气球内的气体被挤出，小气球随之变瘪。肺的呼吸运动与此类似。瓶内的空间如同我们的胸腔，两个小气球如同我们的左肺和右肺，气球皮如同膈肌。

4. 模拟呼吸过程

（1）向下拉伸气球皮，观察瓶中小气球发生的现象。⑥

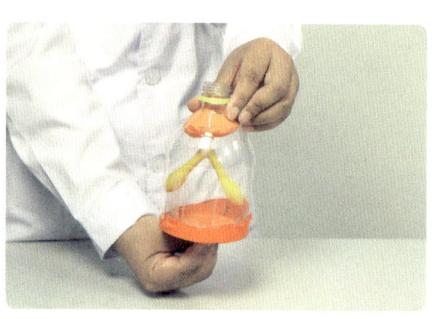

（2）松开气球皮，观察Y形管上的小气球有什么变化。⑦

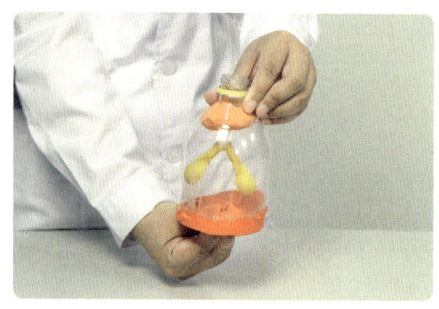

5. 分析实验现象，得出结论：我们可以看到，肺的呼吸与身体里的膈肌有密切关系——膈肌下沉，双肺就吸进气体；膈肌回升，双肺就呼出气体。⑧

知识卡

膈肌与呼吸

　　人的呼吸与膈肌有密切关系。膈肌收缩时，膈顶部下降；胸廓随之扩大，肺也随着扩张。随着肺的容积增大，肺内气压下降，外界空气就通过呼吸道进入肺，完成吸气。膈肌舒张时，膈顶部回升，胸廓随着缩小，肺也随着回缩。随着肺的容积缩小，肺内气压升高，迫使肺泡内的部分气体通过呼吸道排到体外，完成呼气。

31 制作简易肺活量测试仪

四

我们的呼吸

目标

制作简易呼吸器
官模型。

★ 课标要求

5.5 人体由多个系统组成。

3~4 年级：

⑥ 描述人体用于呼吸的器官，列举保护这些器官的方法。

准备

水槽、容积大于 2 L 的透明塑料瓶、橡胶软管、吹嘴、100 mL 量杯、直
尺、油性记号笔。

过程与方法

1. 制作简易肺活量测试仪。

（1）选择一个容积大于 2 L 的塑料瓶，利用直尺和油性记号笔沿着瓶身
纵向画一条直线。

（2）确定刻度。 ①

（3）取一根长约 60 cm 的橡胶管，在管的一端安上吹嘴。

（4）在塑料瓶盖上打两个孔，一个孔的直径与橡胶管直径相同，另一个孔略小。

2. 用简易肺活量测试仪测肺活量。

（1）将塑料瓶装满水。把橡胶管插入瓶盖中，拧紧瓶盖，然后把塑料瓶倒扣入装有水的水槽。 ② ③

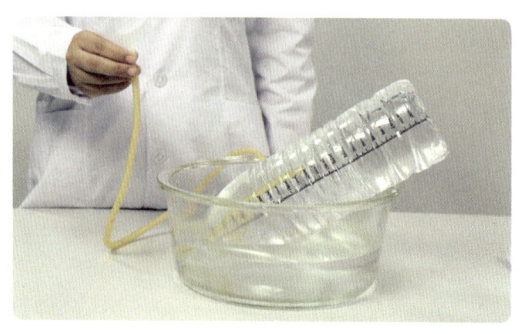

（2）通过吹嘴向瓶内吹气，可以看到塑料瓶内水位下降。当水位稳定后，读出塑料瓶上的刻度，即为测试者的大致肺活量。❹

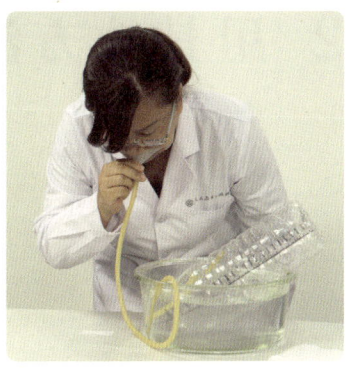

❹ 注意

吹嘴在使用后，应及时更换，以保证卫生安全。

（3）把测试结果记录下来。

姓名	塑料瓶的刻度	肺活量

知识卡

肺　活　量

肺活量是人一次尽力吸气后再尽力呼出的气体总量。肺活量受年龄、性别、身材、呼吸肌强弱及肺和胸廓弹性等因素的影响。一般来说，身体越强壮的人，肺活量就越大，呼吸器官就越健康。因此，肺活量常被用作为评价人体素质的指标。

32 用其他方法测试肺活量

目标

了解其他简易方法测量肺活量。

★ 课标要求

5.5 人体由多个系统组成。

3~4 年级：

⑥ 描述人体用于呼吸的器官，列举保护这些器官的方法。

准备

大小相同的气球若干、软尺。

过程与方法

① 提示

● 吹气前，要检查气球是否漏气。

● 一人吹一个气球；不要多人吹一个气球。

1. 先深吸一口气，然后用力一口气吹起一个气球。气球的末端用线绑紧，使它不漏气。①

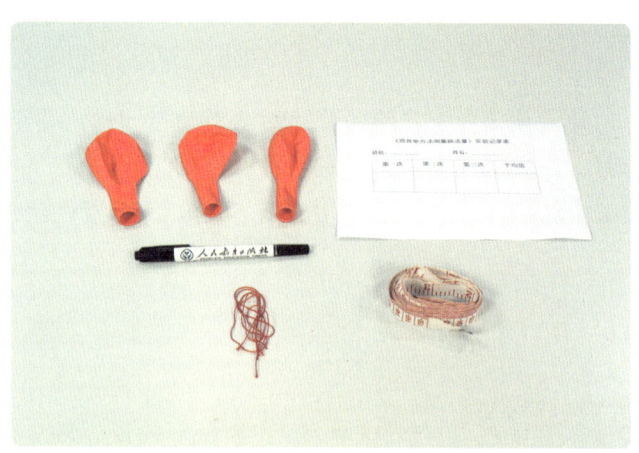

2. 用软尺测量气球直径最大处的周长。

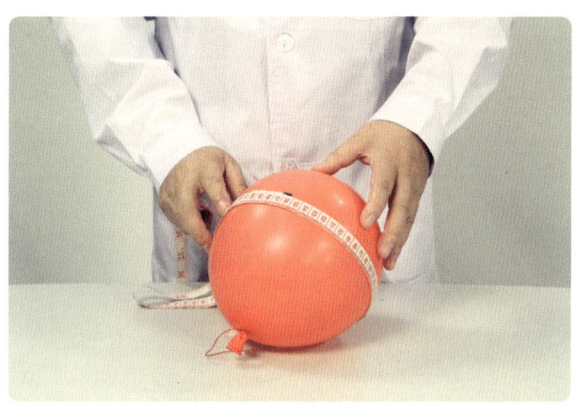

3. 放出气球里的气体，重复上面的实验，并计算三次测量的平均值。

单位：cm

第一次	第二次	第三次	平均值

4. 与他人的测试结果进行比较。

5. 分析实验结果：谁吹的气球周长越长，谁的肺活量就越好，呼吸器官就越健康。

知识卡

如何增大肺活量

增大肺活量的方法有很多，下面介绍几种。

方法一：经常做扩胸、振臂等徒手操练习。

方法二：耐久跑练习。注意要坚持经常跑，学会有规律地呼吸，跑的距离要适当，强度不宜大。

方法三：练习潜水或游泳。在水中不但手臂要不停地划水，还要克服水的阻力，有规律地呼吸，是增大肺活量的好方法。

增大肺活量的方法还有：踢足球、打篮球、折返跑等。需要注意的是，不管选择哪种方法，都要持之以恒，经常锻炼才有效果。

33 怎样保护呼吸器官

知道保护呼吸器官的方法。

★ 课标要求

5.5 人体由多个系统组成。

3~4年级：

⑥ 描述人体用于呼吸的器官，列举保护这些器官的方法。

准备

保护呼吸器官的图片、视频。

过程与方法

❶ 注意

跑步、游泳、打球等锻炼前，要做好热身活动，以免在运动中受伤。

呼吸器官是人体的重要器官。可以采取以下方法保护我们的呼吸器官。

1. 经常锻炼，增大肺活量。❶

2. 开窗通风，保证室内始终都有新鲜空气。②

3. 空气质量不好时戴口罩。

4. 不吸烟。③

5. 养成良好卫生习惯，不随地吐痰。④

⑤ 说明

粉尘可以通过呼吸道进入人体。被人体吸入呼吸道的粉尘，绝大部分又被呼出。在没有阻力的情况下，吸入的尘粒会经气管、支气管后，进入气体交换区域的呼吸性细支气管、肺泡管和肺泡，并在进入的过程中产生有害作用，影响气体交换功能。

6. 降低粉尘。⑤

34 建筑中的天然材料和人工材料

目标

1. 能观察并描述不同建筑分别是用什么材料建成的。

2. 能区分生活中常见的天然材料和人工材料。

★ 课标要求

12.1 技术与工程创造了人造物，技术的核心是发明，工程的核心是建造。

3~4年级：

① 区别生活中常见的天然材料和人造材料，说出中国古代技术与工程方面的典型案例。

准备

木块、石块、茅草、砖块、铁条、玻璃片、水泥块，有关建筑的图片。

过程与方法

1. 展示一些建筑的图片，说一说这些建筑分别是用什么材料建造的。

木屋

石桥

草屋

砖房

铁塔

玻璃房

2. 观察一些建筑材料，辨别其中哪些是天然材料，哪些是人工材料。①

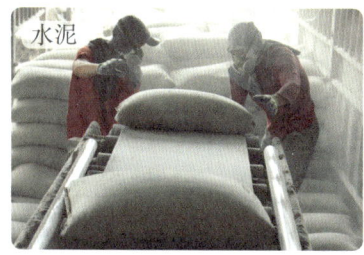

木材、茅草、石块是天然材料。

钢材、砖、水泥是人工材料。

3. 观察教室里的物品，分辨哪些是用天然材料做的，哪些是用人工材料做的。②

知识卡

天然材料与人工材料

天然材料，是在自然界中存在的，未经处理或只经过物理处理的材料，如木材、棉花、沙子、大理石等。人工材料，是需要经过人为加工或合成后才能使用的材料，比如钢铁是由铁矿石中提炼出来的，玻璃主要是由硅酸盐类矿物加工而来的，合成橡胶、合成纤维是用人工方法合成的高分子材料。这些人工合成的高分子材料正在越来越多地取代金属，成为现代社会广泛使用的重要材料。

35 建筑材料的发展

目标

知道建筑材料是随着人类社会的进步而发展的。

★ 课标要求

12.2 技术与工程改变了人们的生产和生活。

3~4年级：

③ 举例说出一些典型的技术（如交通技术、电力技术等）和工程（如高速铁路、发电站等）对人们生活的影响；尝试设计和制作某种产品的简化实物模型，并反映其中的部分科学原理。

准备

有关建筑材料发展的PPT或视频。

过程与方法

1. 以草、木、土、石为主要材料的建筑。❶

❶ 说明

我国最初的建筑出现在距今7 000年前黄河中游的氏族部落。当时的人们多用黄土层为墙壁，使用树木、茅草、泥土等材料搭建居住所。直至今日，有些地方还能看到类似的建筑。

② 说明

随着社会的发展，建筑材料的人工合成率有很大提升。

秦汉时期，木结构已经趋于成熟，使用斗拱的现象较为常见，夯土技术得到大规模应用，砖与砖石结构也得到了发展。木材、陶、瓦、砖及条石是当时的主要建筑材料。

到了宋代，我国建筑中已经用到很多新型人工合成材料，如琉璃、陶瓷等。这些材料的使用使我国建筑材料的发展达到了一个新的历史水平。

③ 说明

现代社会中，随着科技水平的不断发展，更多的人工合成材料如钢材、水泥、混凝土、玻璃等材料得到广泛应用。建筑材料呈现出多元化。

2. 以砖、瓦、琉璃为主要材料的建筑。②

3. 以钢材、钢筋混凝土为主要材料的建筑。③

4. 结论：从古至今，建筑材料的主要变化就是从单一功能的、不坚固的天然材料逐渐发展为多功能的、坚固的人工材料。

知识卡

新型建筑材料

新型建筑材料是在传统建筑材料基础上发展而成的新一代建筑材料，主要包括新型墙体材料、保温隔热材料、防水密封材料和装饰装修材料。

新型墙体材料品种较多，如黏土空心砖、陶粒空心砖、轻质板材、复合板材等。这些新型材料的使用能达到保温、节能、减轻建筑自重等目的。

保温隔热材料包括珍珠岩、矿物棉、玻璃棉、聚苯板材、岩棉等。

防水密封材料不仅应用在工业建筑与民用建筑中，在桥梁、隧道、农业水利和交通运输行业中也得到了广泛应用。这些材料包括沥青、油毡、合成高分子防水卷材、建筑防水涂料、密封材料等。

建筑材料种类繁多，更新换代十分迅速，与人民生活水平提高和居住条件改善密切相关。因此，发展新型建筑材料是社会进步和提高社会经济效益的重要一环。

36 比较哪种形状更稳定

目标

比较三角形和正方形的稳定性，能利用三角形的稳定性来加固正方形。

★ **课标要求**

12.3 科学、技术、工程相互影响与促进。

3~4 年级：

④ 初步说明一些技术产品涉及的科学概念或原理，尝试应用科学原理设计并制作简易装置（如传声器、听诊器等）。

准备

木棒9根（包括短木棒7根，长木棒2根，长木棒的长度要稍长于用短木棒围成的正方形的对角线长度）、橡皮筋12根。

过程与方法

1. 用橡皮筋将木棒捆扎成三角形和正方形，对哪种形状稳定性更强进行预测。❶

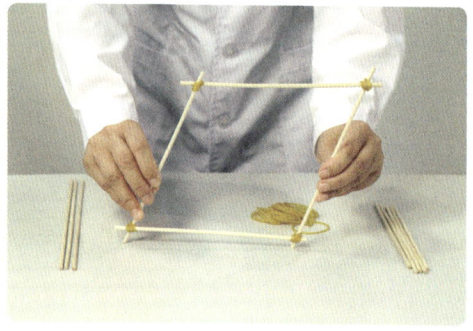

2. 用手按住捆扎好的三角形和正方形的对角，向内用力，测试它们的稳定性。❶

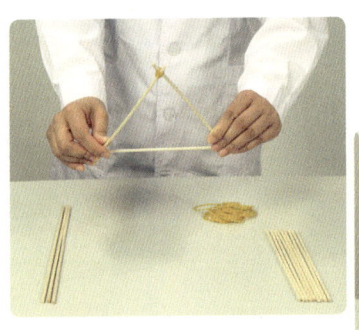

❶ 提示

测试完三角形和四边形的稳定性后，可以继续尝试制作五边形、六边形并进行测试。

3. 得出结论：三角形比四边形的稳定性更强。

4. 尝试使不稳定的四边形变稳定。❷

❷ 提示

如果只在四边形的对角线上添加一根木棒，四边形还可以对折，仍不稳定。因此还需要添加木棒才能将四边形固定。

5. 得出结论：通过活动可以发现，三角形框架最稳定。

知识卡

三角形的稳定性

三角形的三边长度确定后，三角形的面积、形状就被固定下来。这个性质叫作三角形的稳定性。三角形的稳定性在建筑中有着广泛应用，比如屋顶的三角形钢架、起重机的三角形吊臂以及许多塔的结构中都能找到三角形的影子。

37 哪种物体更稳定

目标

比较重心高和重心低的物体的稳定性。

★ 课标要求

12.3 科学、技术、工程相互影响与促进。

3~4 年级：

④ 初步说明一些技术产品涉及的科学概念或原理，尝试应用科学原理设计并制作简易装置（如传声器、听诊器等。

准备

卷纸筒2个、轻重适当的螺母2个、胶带1卷、剪刀1把。

过程与方法

1. 在两个相同的纸筒的上端和下端分别绑上一个螺帽。

① 提示

测试两个纸筒的稳定性时，要注意用力需从小逐渐变大。

2. 将两个纸筒放在一块木板上。用手轻摇木板，观察哪个纸筒不容易倾倒。①

3. 得出结论：上轻下重的物体更稳定，物体的重心越低稳定性越强。

38 哪种立柱承载力大

目标

通过实验比较不同形状立柱的承载力大小。

★ 课标要求

12.3 科学、技术、工程相互影响与促进。

3~4 年级：

④ 初步说明一些技术产品涉及的科学概念或原理，尝试应用科学原理设计并制作简易装置（如传声器、听诊器等。

准备

面积稍大于立柱的硬塑料片1个、大小相同的纸3张、胶棒或透明胶带、螺母10个。

过程与方法

1. 用纸折成一个三棱柱、一个四棱柱和一个圆柱，猜测哪种柱体的承载力最大。❶

❶ 提示

用纸制作立柱时，为了做到公平实验，三张纸要大小相同，三种立柱要高度相等，材料要相同。

2. 在三种立柱的顶部放上硬塑料片，将螺母一个一个地放在硬塑料片上，直至立柱坍塌。测试三种形状立柱的承载力。❷

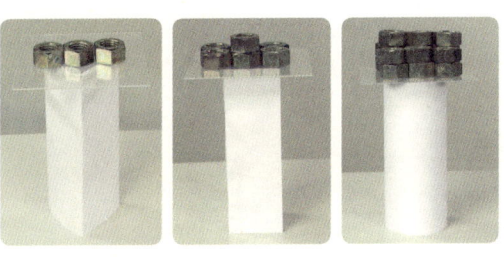

❷ 提示

测试时注意每次摆放螺母的位置要相同。

3. 基于实验得出结论：圆柱体的承载力最大。

39 平面和拱形哪种承载力大

目标

设计实验比较平面和拱形的承载力大小。

★ 课标要求

12.3 科学、技术、工程相互影响与促进。

3~4 年级：

④ 初步说明一些技术产品涉及的科学概念或原理，尝试应用科学原理设计并制作简易装置（如传声器、听诊器等）。

准备

木块2个、白纸2张、大小相同的垫圈20个。

过程与方法

① 提示

木块也可用其他重物代替，如厚重的书本等。应保证每个用于测试重物的高度相同。

② 提示

- 木块之间的距离不能改变，要始终保持一致。
- 注意每次摆放的位置要相同。

③ 说明

计算纸桥最大承载力的简便方法是：当再加一个垫圈纸桥被压塌时，此前加上的所有垫圈的数量就是该形状的纸桥的最大承载力。

1. 将两张大小相同的白纸，分别放在两个木块之上和两个木块之间，搭成一个平面形纸桥和一个拱形纸桥。**①**

2. 将垫圈一个接一个地放到纸桥上，直至纸桥坍塌。记录每种形状的纸桥最多能承载的垫圈数量。**② ③**

 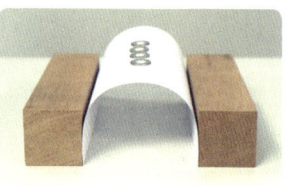

3. 得出结论：拱形比平面形的承载力大。

40 榫卯结构

目标

知道榫卯结构是我国古代建筑中的一种连接方式。

★ 课标要求

12.3 科学、技术、工程相互影响与促进。

3~4年级：

④ 初步说明一些技术产品涉及的科学概念或原理，尝试应用科学原理设计并制作简易装置（如传声器、听诊器等。

准备

木质鲁班锁玩具1套、有关榫卯结构的PPT和视频。

过程与方法

1. 观察鲁班锁的结构，想一想每个结构是如何连接在一起的。

2. 观察生活中常见的榫卯结构 ❶ ❷

❶ 说明

榫卯结构起源于距今约7 000年前的新石器时期。它是我国古代建筑、家具及很多器械的主要结构方式，是在两个构件上采用凹凸部位相结合的一种连接方式。

❷ 说明

　　我国以榫卯工艺建成的代表建筑有：紫禁城、天坛祈年殿、山西悬空寺等。

知识卡

榫 卯 结 构

　　榫卯是在两个构件上采用凹凸部位相结合的一种连接方式。凸出部分叫榫（或叫榫头），凹进部分叫卯（或叫卯眼、榫眼）。其特点是不使用钉子，仅用榫卯就能加固物件，还可限制构件向各个方向的扭动。相比之下，靠铁钉连接的家具就做不到如此稳固。

41 设计制作建筑模型

目标

1. 根据已有材料设计一个建筑模型，并画出设计图。

2. 根据设计图进行制作，并在制作过程中及完成后进行相应的测试和调整。

3. 能对自己或他人的设计的想法、模型等提出改进建议，并说明理由。

★ 课标要求

13.2 工程的关键是设计

3~4 年级：

② 借助表格、草图、实物模型、戏剧或故事等方式说明自己的设计思路。

③ 根据需求和限制条件，比较多种可能的解决方案，并初步判断其合理性。

13.3 工程是设计方案物化的结果

3~4 年级：

④ 利用常用工具，对常见材料进行简单加工处理。

⑤ 知道制作过程应遵循一定的顺序，制作简单的实物模型；尝试发现实物模型的不足，改进并展示。

准备

切好的胡萝卜丁（大约1 cm×1 cm×1 cm）、牙签、冰棒棍若干、万能胶、剪刀、美工刀、重物若干（书本、钩码等重的物品）、卷尺1把。

过程与方法

1. 根据材料明确设计制作的建筑。❶

❶ 提示

除了书中展示的材料，还可以使用生活中常见的其他材料，如轻质黏土、筷子、橡皮筋、吸管、纸等。

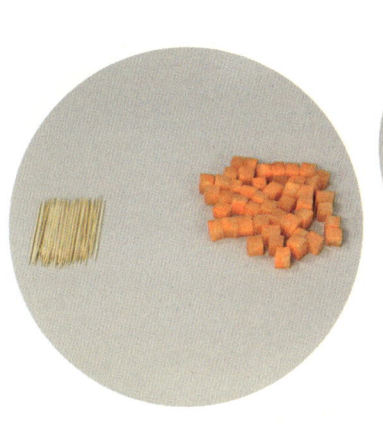

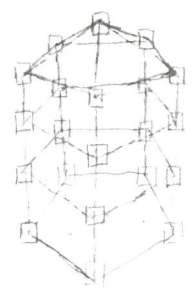

2. 根据现有材料进行设计，并画出设计图。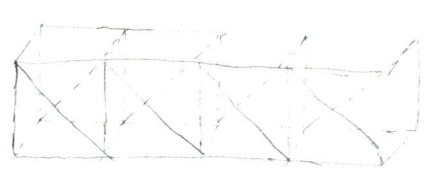

3. 根据设计图制作建筑模型。

4. 对制作好的建筑模型进行测试。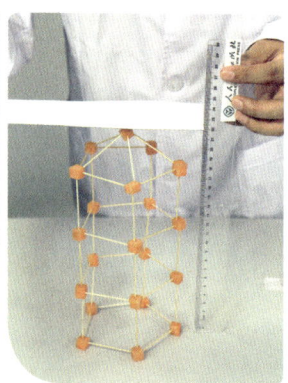

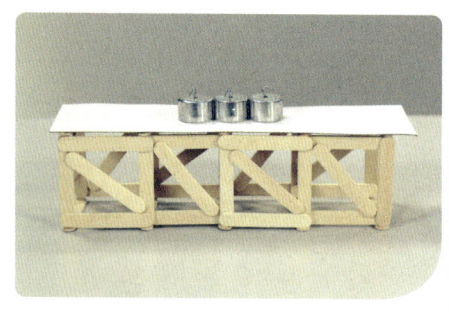

② 说明

　　塔的设计要求塔又高又稳；桥的设计要求桥的承重力要大。

③ 说明

　　对塔和桥的测量方法包括。
● 用卷尺测量塔的高度。
● 轻轻晃动桌面，测试塔的稳定性。
● 在桥上逐渐增加重物，测试桥的承载力。

后　记

　　《小学科学探究实践指南》这套书是以《义务教育科学课程标准（2022年版）》和人民教育出版社、湖北教育出版社合作编写出版的义务教育教科书科学为依据编写的。这套书将教科书中探究实践活动的核心活动进行了细化和补充，并且每个核心活动都配有生动的微课。一方面，使教师在教学中有更多的替代活动可以选择，丰富科学课堂教学；另一方面，使学生获得更丰富而生动的补充学习资源，有利于学生提高学习兴趣，理解科学核心概念。

　　本书微课得到了北京市西城区的科学教师们的大力支持。北京市西城区教研员李莹老师及其团队教师——贾祎明、徐祉琳、项彤、张蒙、于青、徐颖、兰海龙、朱文欣、苗妙、徐婷婷、刘妍、陈琛、聂明月、马丽、刘思岚、王鑫、康争、李亚、王薇怡、李云龙、果晓将、刘帆、刘剑颖、宋学平、王京，精心为本书制作了微课；在微课中有关实验视频的拍摄中，得到湖北省宜昌市李德强、李红军、杨凤琴、张华、陈斌，湖北省襄阳市李国权、吕雯雯、张文佳，湖北省黄冈市孙龙、朱华云、王金红，湖北省黄石市李勇乔、华云、明红芳、陈大双，湖北省荆门市周侃、黄小龙、陈莉、付安琪等教师的大力支持，在此表示由衷的感谢！

　　为方便广大教师和学生的教学，本套书中的二维码可直接扫描观看。人民教育出版社拥有本套书及配套微课的版权，受我国著作权法的保护。任何未经我社许可的复制、改编、转载、印刷、销售、传播之行为，我社将追究其法律责任。

本书编写组

2022年6月